오직 나라와 민족을 위해
삶을 바친 지도자
김구

이야기/교과서/인물 김구

초판 제1쇄 발행일 2017년 10월 20일
초판 제3쇄 발행일 2021년 8월 30일
글 이재승, 구세민 그림 율라
발행인 박헌용, 윤호권 발행처 (주)시공사 주소 서울시 성동구 상원1길 22
전화 문의 02-2046-2800
홈페이지 www.sigongsa.com / www.sigongjunior.com

ⓒ 이재승, 구세민, 율라, 2017

이 책의 출판권은 (주)시공사에 있습니다.
저작권법에 의해 한국 내에서 보호받는 저작물이므로, 무단 전재와 무단 복제를 금합니다.

ISBN 978-89-527-8592-3 74990
ISBN 978-89-527-8164-2 (세트)

홈페이지 회원으로 가입하시면 다양한 혜택이 주어집니다.
잘못 만들어진 책은 구입하신 곳에서 바꾸어 드립니다.

사진 자료 제공 | 10쪽 백범 김구 기념관, 12쪽 백범 좌상, 13쪽 《백범일지》, 14쪽 김구와 눈봉실의 회중시계,
15쪽 서거 당시 김구가 입고 있던 옷, 103쪽 상하이 대한민국 임시 정부, 114쪽 김구 평양 연설, 115쪽 김구의 장례 행렬 **백범 김구 기념관**
34쪽 사발통문, 53쪽 을사조약, 86쪽 신민회 관계 인사 판결문 **독립기념관**
52쪽 최익현 영정, 103쪽 이봉창 의사 선서문, 윤봉길 의사 선서문 **국립 중앙 박물관**

KC마크는 이 제품이 공통안전기준에 적합하였음을 의미합니다.
제조국 : 대한민국   사용 연령 : 8세 이상
주의 사항 : 책장에 손이 베이지 않게, 모서리에 다치지 않게 주의하세요.

오직 나라와 민족을 위해
삶을 바친 지도자

김구

이재승, 구세민 글 | 율라 그림

시공주니어

작가의 말 … 6
김구를 찾아가다 … 8

1장 타고나는 것보다 노력으로 … 16
역사 한 고개 조선 시대 양인과 천인의 삶 … 24

2장 좌절 앞에서 선택한 마음의 길 … 26
역사 한 고개 동학 농민 운동 … 34

3장 끊이지 않는 열정 … 36

4장 진정 옳은 일이라면 … 44
역사 한 고개 항일 의병 운동을 일으킨 주요 사건들 … 52

5장 　죽음이 두려울쏘냐 … 54

6장 　양반도 깨어라, 상놈도 깨어라 … 64

7장 　나를 백범(白凡)이라 불러 주시오 … 74
　　　역사 한 고개 신민회와 105인 사건 … 86

8장 　후일 지하에서 만납시다 … 88
　　　역사 한 고개 대한민국 임시 정부와 한인 애국단 … 102

9장 　38선을 베고 쓰러질지언정 … 104
　　　역사 한 고개 김구의 죽음을 둘러싼 수수께끼 … 114

김구에게 묻다 … 116
김구가 걸어온 길 … 122

작가의 말

김구를 만나다

　우리나라 독립운동의 역사는 김구를 빼놓고는 말할 수가 없습니다. 그만큼 김구는 우리나라 독립에 많은 영향을 끼친 인물입니다. 그러나 우리 중에 김구가 살아온 인생의 한 단면이 아닌, 삶 전체에 대해 잘 알고 있는 사람은 그리 많지 않은 것 같습니다. 김구라는 인물이 오늘날 '민족의 지도자'라는 명성을 그의 이름 앞에 얻기까지 도대체 어떤 인생의 장면들과 선택의 기로들이 있었을까요? 흔히 위인이라고 하는 인물들의 위대한 업적 뒤에는, 어쩌면 처절한 인생의 아픔과 고난이 숨겨져 있을지도 모릅니다.
　김구라는 인물은 참으로 다양한 면모를 가지고 있습니다. 독립투사이자 혁명가였으며, 어떤 사람은 그를 정치가로, 또 어떤 사람은 그를 교육자로 이야기합니다. 이같이 여러 가지 모습을 한 한 명의 인물을 이해하기 위해, 이제 그의 삶 곳곳의 순간들을 들여다보려고 합니다.

김구의 삶은 결코 순탄하지 않았습니다. 늘 어려운 환경에 놓여 있었고, 언제나 절망스러운 민족의 모습과 탄압의 총칼이 그의 눈앞을 가로막고 있었습니다. 그러나 김구는 끝까지 민족의 어두운 현실에서 눈을 돌리지 않았습니다. 자신의 안락한 삶보다 더 중요한 것이 있었기 때문입니다. 몇 번이나 목숨이 위태로운 일을 겪고, 자신의 몸을 돌볼 시간도 가지지 못한 채 매일매일을 살아 낸 김구에게 그토록 중요한 일은 무엇이었을까요?

　　그것은 민족의 해방과 하나 된 나라에 대한 열망이었습니다. 자신을 가두던 신분의 굴레나 총칼의 위협, 모진 고문과 여러 번의 절망 앞에서도 그는 늘 두려움에 맞서며 자신의 신념을 되새기고, 옳다고 믿는 것을 위해 다른 많은 것들을 희생했습니다.

　　사실 이 책에서 김구의 파란만장했던 일생을 모두 담아내기는 어렵습니다. 그러나 민족 수난의 아픈 시대 속에서 김구가 어떤 신념을 가지고 자신의 길을 걸어갔는지 이 책을 통해서 어느 정도 볼 수 있을 것입니다. 이 책 속에는 우리나라의 한 청년으로서, 한 사람의 국민으로서 고뇌하고 행동하는 김구라는 인물이 살아 있습니다. 이 책을 통해서 한 평범했던 사람이 자신의 신념에 의해 세상을 어떻게 바꿀 수 있었는지를 여러분이 느낄 수 있다면 좋겠습니다.

　　자, 이제 책장을 넘겨 마치 영화와 같았던 파란만장한 김구의 삶 속으로 들어가 보세요.

이재승, 구세민

김구를 찾아가다

백범 김구 기념관
김구 선생의 삶을 기리고 그의 통일 이념과
민족정신을 이어 나가기 위해 세워진 기념관.
서울특별시 용산구 임정로 26

"누구 따라오는 사람은 없었나?"

"헉, 헉, 없었소."

"좋아, 김구는 언제 움직이나?"

"조만간 외딴 곳에 병원을 내어 그곳으로 임시 정부의 중요 인물들을 데려올 계획이오. 그때 김구도 함께 올 것이오."

"필요한 것은?"

"돈이 조금 더 필요하오. 그리고 앞으로 내가 먼저 만나자고 할 때까지는 나를 부르지 말았으면 좋겠소. 임시 정부로부터 좀 더 믿음을 얻을 필요가 있소. 당분간 수상한 움직임은 하지 않게 해 주시오."

"탕! 탕!"

"손 들어!"

"아니오, 아니오! 오해요, 오해."

"이 일본 형사와 숨어서 얘기를 나누는 것을 똑똑히 보았는데도 이 비겁한 자식이! 죽어라, 민족의 반역자!"

"잠깐, 진정들 하게."

"선생님! 김구 선생님! 선생님이 여긴 어떻게……?"

"한동안 자넬 지켜보았네. 요즘 씀씀이가 헤퍼졌더군. 어디서 그런 돈이 생겼나 살펴보니 저 형사를 만나는 게 아닌가? 아니길 바랐는데……."

"선생님……!"

"언제부터였나? 얼마 전부터 우리 쪽 사정이 새어 나가는 것 같더니, 그게 자네일 줄이야……. 부끄럽지도 않은가? 대한의 독립을 위해 목숨을 바치겠노라 외치던 모습이 아직 눈에 선하구먼. 그게 모두 거짓이었던가?"

"선생님……. 으흑. 으흐흑."

"자네는 우리가 나라를 되찾을 날이 올 것이란 걸 믿지 못하는가 보군. 하지만 나는 믿네. 어떤 어려움이 있더라도 멈출 수 없다네. 미안하지만 나는 아직 여기서 자네 손에 죽어 줄 수 없네. 지옥에서라도 꼭 두고 보시게. 우리 조국이 독립하는 그 영광스런 순간을……."

"컷! 수고하셨습니다!"

"'영화 사랑' 시청자 여러분 안녕하세요? 우리의 가슴을 뜨겁게 해 줄 영화 한 편이 찾아왔습니다. 바로 백범 김구의 일대기를 다룬 영화 〈나의 소원〉인데요. 지금 극장가가 이 영화의 열기로 매우 뜨겁게 달아오르고 있습니다. 오늘은 그 주인공 김구 역을 맡은 연기파 배우 김대한 씨를 만나 보겠습니다."

"네, 시청자 여러분, 반갑습니다, 배우 김대한입니다."

"반갑습니다. 그런데 오늘 인터뷰 장소가 좀 특별하네요?"

"네, 그렇죠? 이곳은 바로 서울 용산구에 위치한 백범 김구 기념관인데요, 영화의 의미를 되새길 수 있는 장소라 제가 특별히 부탁드렸습니다."

"그렇군요. 정말 오늘 인터뷰와 딱 어울리는 장소 같습니다. 그럼 우리 이곳을 둘러보면서 이야기 나눠 볼까요?"

"네, 좋습니다."

백범 김구 기념관

"이번 영화, 반응이 아주 뜨겁습니다. 이번에 맡으신 역이 민족의 지도자, 백범 김구 선생님이에요. 역할을 맡으신 기분이 어땠나요?"

"아, 걱정이 많이 되었습니다. 오로지 나라를 위해 한평생을 바치셨던 훌륭한 위인을 제가 감히 연기한다는 것이 어렵게 느껴졌죠. 시대적인 상황도 어려웠고, 또 개인적인 아픔도 많이 겪으신 분이라, 제가 그분을 제대로 표현할 수 있을까 고민이 많았던 작품입니다."

"그렇군요. 어떤 면이 가장 표현하기 어려웠을까요?"

"음, 무엇보다 선생님이 품고 계셨던 나라를 위하는 마음, 그 사랑이 아니었을까 싶어요. 선생님께서는 여러 번의 좌절을 겪고, 여러 번 죽을 고비를 맞으면서도 끝까지 독립을 향한 의지를 꺾지 않으셨어요. 그것은 상상을 초월하는 희생이었고, 결심이었을 겁니다. 제가 감히 흉내 낼 수 있는 것이 아니라고 생각했었죠. 그런 존경심이, 오히려 선생님의 삶을 연기하는 데 가장 어려운 점이었다고 말할 수 있겠네요. 그런 놀라운 희생정신을 보며, 저는 도저히 그런 삶을 살아갈 수 없을 것이라고도 생각했으니까요."

"아, 마침 김구 선생님의 모습이 보이는 듯하네요."

"네, 태극기가 저렇게 잘 어울리는 분이 또 있을까요? 이곳에 올 때마다 절로 고개가 숙여집니다."

"정말이네요."

"실제 선생님의 삶은 저런 높은 위치와는 거리가 멀었죠."

"그랬나요? 임시 정부에서는 높은 직책을 맡으셨다고 알고 있는데……."

"상하이 임시 정부도 매우 어려운 형편에 빠져 있을 때가 많았습니다.

선생님께서는 쓰러져 가는 임시 정부를 지키기 위해 많은 노력을 하셨죠. 허름한 옷을 입고, 밥은 늘 남들에게 얻어먹고 다녀야 했습니다. 그리고 항상 남들 앞에서는 자신을 낮추려고 노력하신 분이에요."

"어머, 제가 잘 몰랐네요."

"하하, 사실 저도 선생님에 대해서 잘 몰랐습니다. '친구', '백범' 하고 많이 얘기도 하고 들어도 봐서 매우 잘 아는 것 같았는데, 막상 그분이 어떤 길을 걸어왔는지 저도 잘 모르고 있었더군요. 평소처럼 대본만 보고, 그것을 외워서 연기를 하려니까 너무 힘들었습니다. 그래서 그분을 이해하기 위해 노력하기 시작했습니다."

백범 좌상

"그러고 보니 저도 김구 선생님 하면 많이 알고 있는 인물같이 느껴지지만, 막상 어떤 일을 하셨고, 어떤 삶을 사셨는지 잘 모르고 있었네요."

"알아보시면 정말 감동하실 겁니다. 우리에게 많은 것을 남겨 주신 분이에요. 그리고 정말 파란만장한 삶을 사셨지요. 그야말로 영화와 같은 삶이었다고 생각합니다."

"네, 점점 궁금해지네요. 어머, 이건 뭔가요?"

"그 유명한 《백범일지》네요. 독립운동으로 인해 떨어져 살아야 했던 아들들을 위해 김구 선생님께서 직접 쓰신 일지입니다. 선생님께서 어떤 삶을 사셨는지에 대한 것뿐만 아니라 독립운동의 흔적들이 많이 담겨 있어 역사적 가치가 매우 높죠. 보물 1245호로 지정되어 있습니다. 기회가 되신다면 여러분들도 꼭 읽어 보시라고 권해 드리고 싶습니다."

"김대한 씨는 읽어 보셨나요?"

"네, 여러 번 읽어 보았습니다. 영화를 위해서요. 그리고 촬영 틈틈이 시간이 날 때마다 손에서 놓지 않으려고 노력했습니다. 그러니 조금씩이나마 선생님의 마음이 전해지는 것 같았습니다. 덕분에 선생님과 많이 가까워졌다고 느꼈습니다."

"김대한 씨의 영화에 대한 열정에 박수를 보내고 싶습니다."

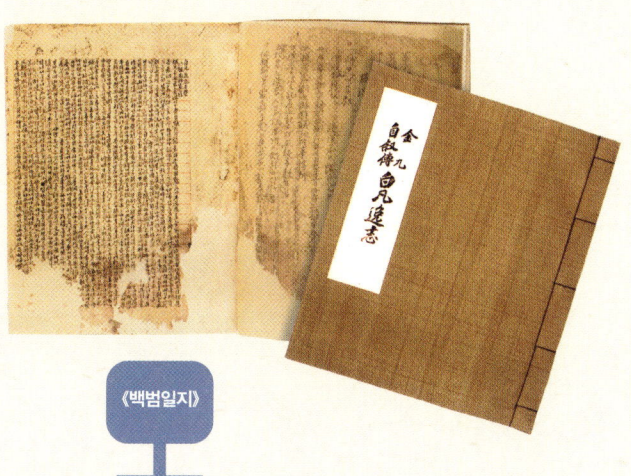

《백범일지》

"아닙니다. 김구 선생님의 희생에 깊은 감사를 드립니다."

"아, 그렇죠. 물론입니다. 그렇다면 김대한 씨는 연기를 통해 김구 선생님의 어떤 점을 가장 잘 나타내고 싶으셨나요?"

"음, 뜻밖의 대답일 수 있겠습니다만, 저는 평범한 한 사람으로서의 김구의 모습을 표현하고 싶었습니다. 처음엔 김구 선생님을 남들이 하시 못한 위대한 업적을 남긴 분으로 막연히 멀게만 생각했습니다. 그러나 그분에 대해 알면 알수록 그것이 잘못된 생각이었음을 깨닫게 되었죠. 김구, 그분께서는 불행한 시대에 태어난 평범한 남자였습니다. 오직 옳다고 믿는 바를 끊임없이 실천해 가고자 노력했던 것입니다. 저는 어려운 길을 묵묵히 걸으며, 고민에 빠지고, 슬픔에 빠지고, 그러면서도 희망을 놓지 않는 그런 인간 김구를 표현하고 싶었습니다. 저는 선생님께서도 남들이 자신을 위대

김구와 윤봉길의 회중시계

하고 뛰어난 능력을 가진 그런 사람보다는 평범한 민족의 한 사람으로, 자신을 바라봐 주길 바라셨을 거라고 믿었습니다. 백범(白凡)이라는 선생님의 호가 그런 그분의 뜻을 나타내 주고 있는 게 아닐까요?"

"백범, 무슨 뜻을 담고 있나요?"

"그건 영화를 보시면 확인하실 수 있습니다. 하하."

"그렇군요. 아, 여긴 시계가 전시되어 있네요? 또 저것은 피가 묻은 흔적인 것 같은데……. 오래된 옷이 전시되어 있어요."

"네, 저 물건들은 어려운 시대를 살아야 했던 우리 민족의 슬픈 사연이 담긴 물건들입니다. 지금부터는 제가 말씀드릴 것이 아니라, 여러분들이 직접 찾아보시는 게 좋을 것 같네요. 여러분, 여러분도 김구 선생님께서 남기신 발자취를 찾아보세요. 그리고 이 물건들에 얽힌 슬프고 감동적인 사연들에 대해 한번 알아보세요. 우리가 무엇을 소중히 여겨야 하는지, 어떤 마음가짐으로 어려운 일을 이겨 낼 수 있는지, 그분의 삶을 통해 많은 것을 느끼시리라 믿습니다."

서거 당시 김구가 입고 있던 옷

1장
타고나는 것보다 노력으로

"아니, 이게 무슨 일이래."

"그러게. 나이도 많이 잡수신 분이 그런 망신을 당했으니……."

"양반이라는 사람들이 어쩜 그리 못됐는지, 빌어먹을 놈의 세상!"

"**상놈**들은 상놈답게 살라는 거지."

집에 돌아온 창암이는 집안 분위기가 평소와 다름을 느끼고 어른들의 말소리에 귀를 기울였다. 무언가 좋지 않은 일이 또 벌어진 모양이었다.

"아버지, 무슨 일이 있나요?"

"몇 해 전 우리 집안에 새로 혼인한 집이 있었다. 그 집 할아버지가 글쎄 사돈을 만나려고 밤중에 살짝 갓을 쓰고 나갔다가 이웃 동네 양반들한테 들켰지 뭐냐. 할아버지는 갓을 빼앗겨 찢기고 모욕을 당하셨다는구나."

또 상놈, 양반, 양반, 상놈이다. 창암이는 양반 앞에서 망신을 당한 집안 할아버지의 표정을 떠올려 보고는 이내 마음이 답답해졌다.

'우리 집안은 왜 상놈인 걸까. 나도 평생 이런 상놈의 신세로 살아야 하는 걸까.'

창암은 두터운 벽이 눈앞을 가로막고 있는 것 같은 느낌이 들었다.

'나도 이다음에 훌륭한 일을 하는 어른이 되고 싶다. 그렇지만……'

아직 어린 창암이었지만 태어날 때부터 씌워진 상놈이라는 한스런 굴레가 벌써부터 무겁게 가슴을 짓누르고 있었다.

1876년 음력 7월 11일 황해도 해주 텃골에서 태어난 창암의 집안은 찢어지게 가난했다. 원래 창암의 집안은 안동 김씨인 신라 경순왕의 후손으로 대대로 벼슬을 하는 양반 가문이었다. 그러나 조선 중기에 김자점이라는 조상이 역적으로 몰리는 바람에 온 집안이 망해 고향을 떠나 뿔뿔이 흩어지고, 일부러 **상민** 행세를 하면서 살아야 했다.

창암의 집안이 텃골로 와서 자리를 잡던 시기에는 양반과 상민의 계급 차별이 매우 엄하였다. 상민들은 좋은 집안의 처녀와 결혼을 하지도 못했

상놈
예전에 신분이 낮은 남자를 낮잡는 뜻으로 이르던 말.

상민
조선 시대 네 신분인 양반, 중인, 상민, 천민 중 하나로, 보통 일반 백성을 일컫는다.

을 뿐 아니라, 마을의 높은 직책도 얻지 못했고, 양반의 허락을 받아야만 그들의 땅에 농사를 지을 수 있었다. 그러나 그마저도 수확물의 대부분을 양반들에게 바치고 어려운 형편 속에 살아야 했다.

창암은 어린 양반 아이가 창암의 집안 노인들에게 '이랬나', '저랬나', '이리 하게', '저리 하게' 하며 낮춰 말하고, 창암의 집안 노인들은 반대로 어린 양반 아이들에게 높임말을 사용하는 것을 보며 자랐다. 이제는 익숙해질 법도 한 양반들의 천대였건만, 그것은 볼 때마다 어린 창암의 마음에 생채기를 남기고, 들을 때마다 한 움큼 바늘을 삼킨 것마냥 창암의 가슴을 아프게 찔러 댔다.

"아버지, 그 사람들은 어찌하여 양반이 되었고, 우리 집은 어찌하여 상놈이 되었습니까?"

아버지에게 묻는 창암의 표정에는 억울함과 분함이 묻어나고 있었다. 창암의 분한 마음을 헤아린 것인지 아닌지, 창암의 아버지 김순영은 담담하게 대답했다.

"그 사람들의 조상은 우리보다 못하지만, 지금 그들 집안에는 진사가 셋이나 있지 않느냐."

"진사는 어떻게 하면 되는 겁니까?"

"진사는 글공부를 열심히 하여 과거를 보아 되는 것이다."

"알겠습니다. 그렇다면 제가 공부를 열심히 하여 우리 집안을 다시 양반이 되도록 하겠습니다."

굳은 표정으로 창암이 말했다.

"글공부를 하고 싶다는 마음이 큰 것이 기특하긴 하지만……."

김순영은 난감한 표정으로 아내에게 말했다.

"우리 동네에는 서당이 없고, 다른 동네 양반 서당에서는 우리 같은 상놈의 자식은 잘 받지도 않을뿐더러 설령 받아 준다고 하더라도 창암이가 거기서 양반집 자제들의 멸시를 받을 걸 생각하니……."

김순영은 창암의 간절한 마음을 알면서도 뾰족한 수가 없어 안타까워했다. 그러나 창암은 자나 깨나 글공부를 할 마음뿐이었다. 양반으로 살지 못하는 상민의 설움뿐 아니라 넓고 넓은 세상의 많은 이치를 깨닫게 된다는 기쁨이 글공부를 향한 창암의 마음에 불을 지폈다. 창암은 당장 서당에 보내 달라고 아버지를 졸라 댔다.

결국 아버지는 며칠 궁리한 끝에 집안 아이들과 동네 상민 아이들을 모아 이른바 상민들만의 서당을 하나 만들기로 했다. 이 생원이라는 선비를 훈장으로 모셔 오고, 창암의 집 사랑방이 글방이 되었다.

창암은 없는 살림에 훈장님 뒷바라지까지 해 가며 자식을 가르치려는 부모님의 은혜를 잘 알기에, 스승을 하늘처럼 받들며 매일 글공부에 전념하여 열심히 배우고 또 익혔다. 익히는 것마다 새롭고 신기하여 눈이 한층 밝게 뜨이는 기분이었다.

'옛 성현들 중에는 정말 훌륭한 분들이 많구나. 그분들의 말씀을 본받아 지키려고 노력하면 나도 훌륭한 어른이 될 수 있을 거야.'

'글 속에는 정말 많은 뜻이 들어 있어.'

창암은 매일 새벽 일찍 일어나 누구보다 먼저 훈장님의 방에 가서 글을

배웠다. 글방이 비좁아져 옆 마을에 사는 신 **존위**의 사랑방으로 서당이 옮겨진 이후에도 아침 일찍 밥 **구럭**을 메고 고개를 넘으면서도 힘든 줄을 몰랐다. 뜻을 알든 모르든 관계없이 서당을 오가며 끊임없이 글을 외웠고, 어머니의 집안일을 거들면서도, 뒷간에 앉아서도, 꿈속에서도 외우고 또 외우기를 거듭하였다. 서당에 다니는 아이들 중에서 배운 것을 외우는 시험은 늘 창암이 일등이었다.

"馬上逢寒食 (마상봉한식) 말 위에서 한식날을 맞아,
途中屬暮春 (도중속모춘) 나그네 길 가는 중 늦봄이 되었네.
可憐江浦望 (가련강포망) 애잔하게 강나루를 바라보아도
不見洛橋人 (불견낙교인) 낙교 위에 고향 사람들은 보이지 않네."

오늘도 서당에 일찍 도착한 창암은 서당 앞마당에서 훈장님에게 배운 한시의 구절을 중얼거리며 외고 있었다. 아직 다른 친구들은 서당에 오기 전이었다.

"창암아, 그 구절의 뜻을 말할 수 있겠느냐?"

존위
예전에 마을의 어른이 되는 사람을 이르던 말.

구럭
새끼를 성기게 떠서 물건을 담을 수 있도록 만든 그릇.

언제 나타났는지 훈장님이 서당 문 앞에 나와 있었다. 창암은 놀라 얼른 인사를 올렸다.

"네, 스승님. 이 시는 말 위에서 한식날을 맞아 고향 땅을 생각하는 나그네의 쓸쓸함을 말하고 있습니다."

"그래, 네가 잘 알고 있구나. 기특하다. 네가 글공부하는 모습을 잘 지켜보고 있다. 너는 또래 동무들보다 훨씬 열심히 하고 있단다."

"부끄럽습니다, 스승님. 저는 동무들보다 특별히 뛰어난 게 없어 그저 알려 주신 바를 열심히 익히려고 노력할 뿐입니다. 동무들 중에는 저보다 훨씬 똑똑한 아이가 많습니다."

"아니다. 물론 너보다 공부의 수준이 높아 알려 주는 것을 빨리 깨우치는 학생도 있었지만 내 보기에 너만큼 의지가 굳은 아이가 없는 것 같더구나. 무언가를 마음에 품고 꾸준하게 노력하는 것은 쉽지 않은 일이다. 사람은 타고나는 것보다 어떤 뜻을 가슴에 품는지, 그리고 그것을 이루기 위해 어떤 노력을 하는지가 더욱 중요한 것이다. 그러니 그 뜻을 놓지 말고 열심히 해 나가거라. 내 말을 알아듣겠느냐?"

"네, 스승님."

훈장님의 말씀은 창암의 마음 한구석을 밝게 비추어 주었다. 지워지지 않는 얼룩과도 같았던 신분의 한계도, 스스로 느끼는 능력의 부족함도 마음 어딘가에 늘 어둡게 자리 잡고 있었던 것이다. 창암은 훈장님의 말씀을 여러 번 곱씹어 보고 잊지 않도록 가슴 깊이 새겼다.

그러나 얼마 지나지 않아, 훈장님이 갑작스럽게 서당을 떠나게 되었다.

사랑방 주인 신 존위는 '이 생원이 밥을 너무 많이 먹어서'라고 내보내는 이유를 댔지만 사실은 창암이 자기 아들보다 학문의 발전이 빠른 것을 시기했기 때문이었다. 훈장님이 직접 찾아와 창암에게 이별을 고한 날, 창암은 훈장님의 품에 매달려 목 놓아 울었다. 그동안 많은 가르침을 주고 자신을 알아봐 주었던 훈장님 생각에, 창암은 훈장님이 떠나고 며칠이 지나도록 밥도 제대로 안 먹고 울기만 했다.

얼마 후 서당에서는 다른 훈장님을 모셔 오기로 하였으나, 이번에는 창암의 아버지가 갑자기 온몸이 마비되는 일이 벌어져 창암은 공부를 중단할 수밖에 없었다. 네댓 달 동안 창암이 곁을 지킨 덕분에 아버지의 상태는 호전되어 몸의 한쪽은 쓸 수 있게 되었지만, 완전한 치료를 위해 부모님은 집안의 물건 모두를 팔아 버리고 훌륭한 의사를 찾아 길을 떠났다.

고아 아닌 고아가 되어 큰어머니 집에 맡겨진 창암은 더 공부할 길이 막히게 되었다. 할 수 없이 사촌들과 소를 몰고 밭일을 도우며 하루하루를 보낼 수밖에 없었다. 배움의 길은 한없이 멀게만 느껴졌고, 이제 다시는 공부를 할 수 없을 것만 같은 두려움이 부모님을 향한 그리움만큼이나 창암의 마음을 어둡게 하였다. 더욱이 그 마을 큰 서당에서 밤낮으로 책을 읽는 소리가 들리기라도 하면, 창암은 금세 서글퍼져 말할 수 없는 슬픔을 느끼게 되었다. 그럴 때마다 창암은 훈장님의 말씀을 떠올리고 마음을 다시금 다잡았다.

'사람은 타고나는 것보다 어떤 뜻을 가슴에 품는지, 그리고 그것을 이루기 위해 어떤 노력을 하는지가 더욱 중요한 것이다.'

조선 시대 양인과 천인의 삶

조선 시대의 신분은 부모로부터 물려받아 태어나면서부터 정해져 있었다. 신분은 크게 양인과 천인으로 나누어지며, 양인은 다시 양반, 중인, 상민으로 나누어졌다. 신분에 따른 계급의 차이는 매우 엄격하여 각 신분의 사람들은 같은 신분끼리 마을을 이루며 살았고, 신분에 따라 생활 모습도 매우 달랐다.

양반

양반이란 문과 출신의 벼슬과 무과 출신의 벼슬을 뜻하는 '문반(文班)'과 '무반(武班)'을 함께 이르는 말이다. 양반은 농사나 장사 등의 일에 종사하지 않고 유학을 공부하여 문과 또는 무과의 과거 시험을 거쳐 나라를 다스리는 데 직접 참여할 수 있었다. 관직에 오르면 나라로부터 토지를 받아 지주가 되었으며 노비를 소유할 수 있었고, 군대를 가거나 나라에서 벌이는 공사에 동원되는 일을 면제받았다.

중인

양반을 도와 관청에서 일하는 사람으로 주로 외국어, 의학, 천문학, 법률학 등 특수 기술을 갖춘 전문가였다. 백성들에게 직접적으로 권력을 행사할 수 있어서 실제적인 이득을 취하기도 했으며, 양반과 마찬가지로 나랏일을 한다는 이유로 군역의 의무를 지지 않았다.

상민

농사를 짓거나 물건을 만드는 사람, 장사하는 사람을 모두 상민이라 일컫지만, 농민이 대부분을 차지하였다. 군대에 가서 나라를 지키고, 세금을 바쳐야 했다. 주로 초가집에 살며 농사를 지어 거두어들인 곡식의 일부를 세금으로 내거나 땅 주인에게 바쳤다. 양인에 속하였으므로 과거를 보고 벼슬에 오를 수 있었지만, 실제로는 해야 할 일이 많아 교육을 받을 기회가 거의 없어서 벼슬에 오르기는 매우 힘들었다.

〈노상알현도〉, 김득신
길을 가다가 양반을 만난 상민이 인사를 하는 모습을 그린 것으로, 조선 시대 신분 질서를 보여 준다.

천인(천민)

노비, 백정, 광대 등 가장 낮은 사회 계층은 천인에 속하였다. 천인의 대부분은 노비였는데, 이들은 일종의 재산으로 간주되어 사고팔거나 유산으로 물려줄 수 있었다. 조선 후기에 이르러 노비를 양인으로 만들려는 노력이 시작되어, 1801년에는 궁궐이나 관청에서 일하는 공노비의 해방이 일부 이루어졌고, 1894년 갑오개혁으로 노비 제도가 완전히 폐지되었다.

2장
좌절 앞에서 선택한 마음의 길

아버지의 병세가 차츰 회복되자 창암의 가족은 다시 고향에 돌아와 살 수 있게 되었다. 친척들이 조금씩 도와 살 곳을 마련해 주었고, 어머니가 품을 팔아 창암에게 먹과 붓을 사 주어 창암도 다시 서당에 다니게 되었다.

서당까지는 10리가 넘는 먼 길이었다. 하지만 창암은 오로지 공부만을 향한 굳은 의지로 힘든 줄 모르고 서당에 다녔다. 아침 일찍 집을 나서면 그곳에서 생활하는 학생들이 아직 잠에서 깨지도 않았을 때 서당에 도착하곤 했다. 가난한 형편에 눈물겹게 뒷바라지해 주시는 어머니를 생각하면 자는 시간도 아까울 정도였고, 또 그만큼 글공부는 창암을 기쁘게 해 주었다.

그러던 중 드디어 창암에게도 기회가 왔다. 해주에서 과거 시험이 있다는 소식을 들은 것이다. 그동안 공부한 것의 결실을 볼 수 있는 기회라는 생각에 창암은 들뜬 마음으로 과거에 응시하게 되었다.

"과거에 급제하면 아버지, 어머니께서 얼마나 기뻐하실까? 이제 상놈의 설움은 잊게 해 드리자. 그리고 내 앞길을 내 손으로 개척하는 거야."

창암은 얼마 전 중국의 역사책에서 읽은 구절을 떠올렸다.

'왕후장상의 씨앗이 어찌 따로 있으리오.'

왕이나 제후, 장수나 재상은 태어날 때부터 정해지는 것이 아니고 누구나 스스로 노력하기에 달렸다는 그 말은 창암에게 큰 용기를 주고, 생각할 때마다 마음가짐을 새롭게 다지도록 해 주었다.

창암은 몸과 마음을 정갈히 가다듬으며 과거장으로 향했다. 하지만 과거장의 모습은 창암의 생각과는 너무도 달랐다. 어떤 나이 든 선비는 실력도 없으면서 **시관**에게 합격시켜 달라고 애걸하였고, 어떤 사람들은 시험을 볼 사람이 아닌 다른 사람이 글을 대신 지어 주거나 글씨를 대신 써 주기도 하였다. 또 남의 글을 자기 글인 것처럼 시험지를 제출한다거나 심지어는 글을 잘 모르는 부자들이 다른 선비의 좋은 글을 몇백 냥, 몇천 냥씩 주고 사서 급제를 하기도 한다는 소문마저 돌았다.

"시관에게 미리 선물을 보내 두었으니 이번에는 꼭 붙을 거야."

"돈만 많으면 과거도 벼슬도 다 할 수 있어."

시관
조선 시대에, 과거 시험에 관계되는 시험관을 통틀어 이르던 말.

"힘 있는 사람에게 부탁해서 시관에게 말해 두었으니 반드시 붙고말고."

과거장의 온갖 비리와 폐단은 그동안 몸과 마음을 다해 과거를 준비해 온 창암에게는 무척 놀랍고 실망스러운 일이었다. 과거 시험이 실력으로 결정되는 것이 아니라 모두 돈이나 권세로 이루어지고 있다니……. 창암은 썩은 냄새에서 벗어나려는 듯 몸서리치며 과거장을 빠져나왔다. 그리고 그동안 과거 급제를 통해 양반이 되려고 했던 것이 얼마나 허황된 꿈이었는지를 뼈저리게 깨달았다. 그만큼 실망했다.

"아버님, 제가 어떻게든 공부로 **입신양명**하여 그동안 양반에게 당해 온 억울함에서 벗어나고자 하였으나, 그 유일한 방법인 과거가 이토록 썩어 빠졌으니 어쩌면 좋습니까? 또한 큰 선비가 되고자 공부를 더 하려면 돈이 필요한데 집안이 이리 가난하니 서당 공부는 그만두도록 하겠습니다."

그동안 창암이 양반의 길을 꿈꾸며 얼마나 열심히 글공부에 매진했는지 아버지는 누구보다 잘 알고 있었다. 안타까운 창암의 마음을 헤아리며 아버지가 말했다.

"그래, 네 말이 옳구나. 차라리 이참에 실생활에 도움이 되는 풍수나 **관상**을 공부해 보면 어떻겠느냐?"

"네, 알겠습니다. 책을 구해다 주시면 공부해 보겠습니다."

창암은 그렇게 아버지가 구해다 준 관상 책 《마의상서》를 석 달 동안 열심히 읽으며 우선 자신의 얼굴을 샅샅이 뜯어보았다. 다른 사람의 얼굴을 보고 복(福)과 부(富) 등을 판단하기 전에 우선 자신의 얼굴을 보면서 관상의 이치를 깨닫기 위해서였다. 과거를 통해 양반이 될 수 없다는 비관에 빠진 이후 다시 한번 희망을 품은 창암은 마음을 다잡고 방에 틀어박혀 열심히 관상학 책을 들여다보았다. 그러나 관상학에 따라 자신의 얼굴을 본 창암은 무척 실망하게 되었다. 도대체 자기 얼굴의 어느 한 군데도 귀하거나 부유한 뜻을 가진 모양이 없고 오로지 천하고 가난한, 좋지 않은 모양만 있었던 것이다. 창암은 살고 싶은 마음이 없어질 지경이었다.

'아, 나는 정말 짐승처럼 살아갈 수밖에 없는 운명을 타고났나 보다.'

상심에 빠져 관상 책도 읽는 둥 마는 둥 했던 창암이었다. 그날도 힘없이 책을 뒤적거리고 있는데, 순간 눈을 번쩍 뜨이게 하는 구절이 보였다.

相好不如身好 (상호불여신호) 얼굴 모양 좋은 것이 몸 좋은 것만 못하고,
身好不如心好 (신호불여심호) 몸 좋은 것이 마음 좋은 것만 못하다.

'얼굴의 생김새를 파헤쳐 운명을 점치는 관상학에서 얼굴이나 몸의 생김보다 마음이 좋은 것이 더 훌륭한 것이라고 말하고 있다. 아, 내가 그동안

입신양명(立身揚名)
설 입, 몸 신, 날릴 양, 이름 명. 세상에 나아가 자기의 이름을 떨침.

관상
사람의 얼굴을 보고 그의 운명, 성격, 수명 따위를 판단하는 일. 《마의상서》는 대표적인 관상학 책으로 꼽힌다.

나의 마음보다는 밖을 가꾸는 것만 생각하고 있었구나. 먼저 마음이 올바르고 좋은 사람이 되는 것이 옳은 길이었던 것이다.'

창암은 그 짧은 구절로 큰 깨달음을 얻었다. 그동안 벼슬만을 생각하며 신분을 높이고 천한 신세를 벗어나겠다고 애쓰던 자신의 모습이 이제는 순전히 허영만을 쫓아 발버둥치는 모습으로 바뀌어 다가왔다. 그리고 점차 새로운 길이 눈앞에 펼쳐지는 느낌이었다.

'내가 상놈으로 태어난 것도, 열심히 노력했지만 양반의 길이 틀어진 것도 이제는 어쩔 수 없는 일이다. 내 타고난 얼굴이 좋지 않은 것도 내가 선택할 수 있었던 것은 아니었다. 하지만 그 일들로 인해 내가 좌절한 채로 살아갈지, 아니면 새로운 목표와 각오를 가지고 더욱 노력하며 살아갈지는 나의 선택이다. 나는 좌절하는 것을 선택하지 않을 것이다. 분명 내가 몸과 뜻을 바쳐 살아갈 길을 찾을 수 있을 것이다. 그래, 이제부터는 평생 동안 마음을 갈고닦아 마음이 좋은 사람이 되도록 노력하자.'

창암은 이 다짐을 평생을 두고 지키려고 노력했다.

그때쯤 나라에는 이상한 소문들이 떠돌고 있었다. 신기한 능력을 가진 사람이 나타나 바다에 떠다니는 배를 못 움직이게 하여 세금을 내야만 놓아준다느니, 곧 조선이 망하고 정씨 성을 가진 도령이 나타나 계룡산에 새로운 나라를 세운다느니, 들리는 것마다 흉흉한 소문들이었다. 창암은 이런 소문들을 들으며 세상이 조금씩 변해 가는 것을 느꼈다. 그리고 다짐한 대로 '마음 좋은 사람'이 되기 위한 길을 찾고 있었다. 새로운 길을 찾아 다시 한번 노력하기로 마음먹었지만, 그것이 쉽지 않음을 느끼고 있었다.

그러던 중 동학에 대한 소문이 들려왔다. 옆 마을의 동학 교도인 오응선과 최유현은 방문을 열지 않고도 홀연히 나타났다가 사라진다고도 하고, 어떤 사람들은 그들이 공중에서 아무렇지 않게 걸어 다니는 것을 봤다고도 하는 것이다. 창암은 그 말을 듣고 호기심이 일었다.

'혹시 동학이라는 것이 나의 마음 수양에 도움이 되진 않을까?'

18세가 되던 해, 창암은 마침내 동학 교도 오응선을 찾아가게 되었다. 문을 두드리자 오응선이 직접 나와 창암을 맞이하는데, 그의 차림을 보니 생각한 대로 양반이라 창암은 공손히 절을 하였다.

"안녕하십니까?"

"어서 오십시오. 어떻게 찾아오셨습니까?"

오응선도 고개를 숙여 공손히 맞절을 하자, 창암은 깜짝 놀라 물었다.

"저는 상놈인 데다가 나이도 아직 어립니다. 어른이 되어도 당신께 존댓말을 듣지 못할 사람인데 어찌 저를 이리 대해 주십니까?"

오응선은 아무렇지 않은 듯 이야기했다.

"천만의 말씀입니다. 우리 동학은 인내천(人乃天), 즉 '모든 사람이 하늘'이라는 사상을 따르고 있습니다. 부자든 가난한 사람이든, 신분이 높든 낮든 모든 사람이 하늘과 같이 높고 귀하며 평등하다는 뜻입니다."

그 말을 들은 창암은 다른 세상에 와 있는 것 같은 착각이 들었다.

'인내천. 모두가 하늘이고, 양반, 상놈 할 것 없이 모두 평등하다?'

이런 말을 양반의 입을 통해 듣게 되다니, 창암은 두근거리는 마음을 진정하기 어려웠다.

'새로운 세상. 더 이상 차별 없는 세상, 즉 모든 이가 꿈을 꾸는 대로 능력껏 살아갈 수 있는 새로운 세상. 새로운 나.'

과거를 통해 느꼈던 이 나라의 실망스러운 모습, 그리고 마음 좋은 사람이 되기로 결심하고 그 길을 찾아 왔던 시간들, 모든 것들이 동학의 새 세상으로 자신을 이끌고자 일어난 일들이었던 것 같았다.

창암은 그 길로 **아명**을 버리고 '창수'로 이름을 고쳤다. 그리고 동학 교도가 되어 동학을 열심히 공부하고 다른 사람들도 동학의 길로 이끄는 일에 하루하루를 바쳤다. 창수에게 이끌려 동학 교도가 된 사람들은 장마 때 강물이 불어나듯 날마다 늘어 갔다. 이곳저곳에서 절망하고 짓밟히며 가슴에 깊은 한을 품고 살아온 상민들이 창수가 설명하는 동학 사상을 듣고 놀라고 반가워하며 곧 창수 아래로 모여든 것이다. 창수는 교도들 중에서도 나이가 어린 편이었지만 열심히 사람들을 모으고 뜻을 전파하여 곧 한 지방을 대표하는 책임자인 '접주'가 되어 수백 명을 이끌게 되었다.

'모든 일은 나의 마음먹기에 달려 있다. 내가 스스로 주저앉지 않는 한, 내게 주어지는 어려움들은 오히려 나를 더욱 강하게 만들 것이다.'

이 깨달음은 창수에게 다가올 많은 시련을 견딜 수 있도록 하는 큰 힘이 되어 주었다.

아명(兒名)
아이 때의 이름.

동학 농민 운동

동학은 1860년 최제우가 창시한 종교로, '사람이 곧 하늘'이라는 뜻의 '인내천(人乃天)' 사상을 통해 기존 양반 중심의 사회 질서를 바꾸어 모두가 평등한 세상을 꿈꾸었다. 이러한 동학의 사상은 당시의 사회 혼란과 관리들의 횡포로 인해 힘든 삶을 살고 있던 농민들로부터 큰 환영을 받았다.

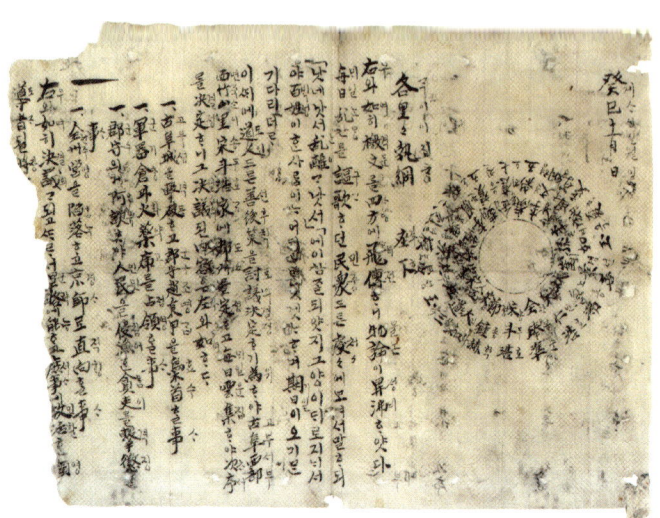

사발통문: 전봉준을 비롯한 동학 접주들이 작성하여 돌린 통지문으로, 봉기의 이유와 참여자의 이름이 적혀 있다. 주동자가 드러나지 않도록 명단을 사발 모양으로 빙 둘러 이름을 적은 순서를 알 수 없게 하였다.

고부 농민 봉기

1894년(고종 31) 전라도 고부 지역에서 군수 조병갑의 횡포와 수탈이 심해지자 농민들은 동학 접주 전봉준 등을 지도자로 하여 봉기를 일으켰다. 이들은 관아를 공격하여 억울하게 옥에 갇힌 사람들을 풀어 주고, 강제로 거둬들였던 곡식을 농민들에게 되돌려 주었다.

제1차 동학 농민 운동

고부 농민 봉기를 해결하기 위해 조선 정부는 안핵사(민란을 수습하기 위해 파견하던 임시 벼슬) 이용태를 보냈으나, 이용태는 사건의 원인을 제대로 조사하지 않고 오히려 동학 교도들을 탄압하였다. 전봉준이 동학 교단에 이 사실을 알리자 곧 대규모의 농민군이 조직되어 관군과 맞서게 되었다. 동학 농민군이 전라도 일대 여러 곳을 점령하자 정부는 청나라에 군사를 요청하였고, 청나라에 뒤질세라 일본군까지 조선에 들어왔다. 동학 농민군과 정부는 당황하여 협상을 서두르고, 신분 제도를 없애고 탐관오리를 벌하는 등의 개혁을 실시하겠다는 약속을 받고 농민군은 철수했다.

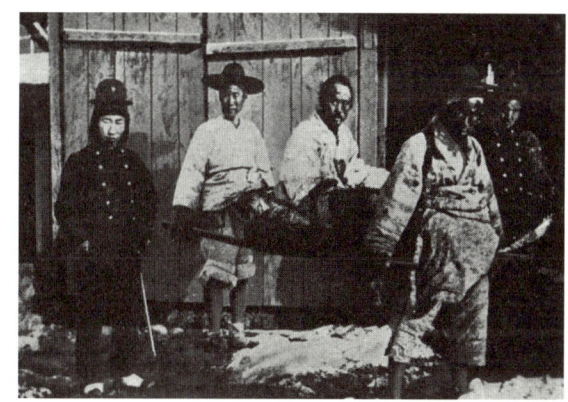

관군에게 체포되어 서울로 압송되는 전봉준

제2차 동학 농민 운동

일본군이 조선에 들어온 것은 청나라가 조선에 군사를 보낼 경우 일본도 함께 보내기로 한 톈진 조약 때문이었다. 그러나 동학 농민군이 정부와 협상을 하고 해산한 후에도 일본군은 자기 나라로 돌아가지 않았다. 오히려 조선 정치에 심하게 간섭하면서 전쟁을 일으켜 청나라를 조선에서 몰아내고 본격적으로 조선을 집어삼키려는 움직임을 보였다. 이를 보다 못한 동학 농민군은 이번엔 조선 땅에서 외세를 몰아내는 것을 목표로 다시 한번 봉기를 일으켰다. 치열한 접전을 벌이며 싸웠지만, 결국 대포와 총으로 무장한 일본군을 당해 내지 못해 우금치 전투에서 패하게 되고, 주도자인 전봉준이 체포되면서 동학 농민 운동은 막을 내리고 말았다.

고부 농민 봉기로부터 1년여에 걸쳐 전개된 동학 농민 운동은 비록 실패로 끝났지만, 여기에 참가했던 농민군들이 후에 항일 의병에 참가하는 등 독립운동 정신으로 이어지게 되었다.

3장
끊이지 않는 열정

굽이굽이 산길 따라 우거진 숲속에 새 한 마리가 유유히 날아들어 나뭇가지 위에 올라앉았다. 주변은 사방이 험준한 산으로 둘러싸여 있었지만 그 산들의 높고 낮음과 깊고 얕은 모양새가 답답하지 않으면서도 장엄한 느낌을 풍기고 있었다. 민가가 드문드문 흩어져 자리 잡은 동네 앞으로는 한 줄기 긴 강이 세월에 무심한 듯 흘러가고, 그 옆 암벽에는 '청계동천(淸溪洞天)'이라는 네 글자가 흐르는 물소리에 따라 일렁이며 살아 움직이는 듯 새겨져 있었다. 그 수려한 경치는 시끄러운 바깥세상과 동떨어져 마치 신선이 살고 있을 것만 같은 신비로운 분위기마저 자아내고 있었다.

올해 스무 살이 된 칭수는 지지귀는 새소리를 들으며 흐르는 강물을 하염없이 바라보았다. 동학의 어린 접주로서 지내 온 지난 시간들이 마치 꿈처럼 창수의 눈앞에 떠오르고 있었다.

  동학이 꿈꾸던 '인내천'의 평등하고 새로운 세상은 조선을 집어삼키려는 일본군들의 총포 앞에서 결국 물거품이 되고 말았다. 부패한 관리의 횡포에 불같이 일어난 동학군의 기세를 두려워한 조선 정부는 청나라에 도움을 청했는데, 조선에 군사를 보낼 경우 함께 보내기로 청나라와 약속한 일본군도 이때 조선 땅에 발을 들였던 것이다. 그 후 일본군은 청나라 군대를 조선에서 몰아내 버리고, 그 힘을 앞세워 조선을 마음대로 주무르려 하였다. 수많은 동학 농민군이 이를 막기 위해 다시 한번 **봉기**를 일으켜 일본군과 맞섰으나, 대포와 총으로 무장한 일본군을 당해 낼 수 없어 크게 패배하고 말았다.

  창수는 동학의 접주로서 많은 동학군들을 이끌고 해주성 함락에 앞장섰던 때를 떠올렸다. 일본군의 총에 맞아 쓰러지는 사람, 함성을 지르며 성으로 달려가는 동료들, 총소리에 놀라 도망치는 사람들, 후퇴하라는 총사령부의 명령에 안타까워하던 자신의 모습……. 창수는 아직 생생한 그 장면들을 머릿속에서 떨치려는 듯 고개를 흔들었다.

  '만약 그때 안태훈 진사께서 나를 거두어 주시지 않았다면 어찌 되었을지…….'

봉기(蜂起)
벌 떼처럼 세차게 들고일어남.

안태훈은 동학 농민 운동을 한다는 명목으로 일반 백성들까지 약탈하는 폭도들을 토벌하기 위해 군사를 모아 일으킨 사람으로, 문장과 글씨가 뛰어났을 뿐 아니라 지략까지 출중하여 동학군들도 두려워하던 인물이다. 그는 동학군이랍시고 못된 짓만 일삼던 도적들과 싸우던 중, 동학군을 이끌면서도 일반 백성들에게는 피해를 주지 않는 창수의 지휘 능력과 인품을 듣고 이를 높이 여겨 몰래 창수에게 사람을 보냈다. 그리고 자기들끼리는 싸우지 않고 어려운 일이 있을 때에는 서로 돕기로 약속하였다. 비록 적일지언정 인재를 아끼고 훌륭한 상대를 존경할 줄 아는 두 사람이었기에 가능한 일이었다. 나중에 동학군이 뜻을 이루지 못하고 모두 잡히거나 죽고 흩어져 결국 창수도 일본군을 피해 몸을 숨겨야 할 지경에 이르렀다. 그러자 안태훈은 기꺼이 자기가 있는 이곳 청계동으로 창수를 데려와 지낼 곳을 마련해 주고 그 부모의 생활까지 책임져 주었다. 이 안태훈이 바로 훗날 하얼빈 역에서 이토 히로부미를 쏘아 죽인 안중근 의사의 아버지다.

"이렇게 찾아와 주어 고맙습니다. 이곳에서 내 동생들이나 친구들과 이야기라도 하며 지내십시오."

창수는 어려운 처지의 자신을 반갑게 맞아 주던 안태훈의 모습을 떠올리며 고마움과 함께 사람과의 인연의 중요성에 대해 새삼 생각하게 되었다.

창수는 매일 안태훈의 사랑방에 가서 사람들과 어울리며 하루하루를 보냈다. 겉으로는 편안해 보였지만, 마음속으로는 장래의 일을 걱정하며 앞으로는 과연 어떤 곳에 발을 디뎌 나아갈 길을 찾아야 하는지 막막하기만 했다. 전쟁에서 패한 장수의 신세가 된 자신이 처량하게 느껴졌으나 언제까지 고개를 숙이고 있을 수만은 없었다. 지금의 조선은 일본의 힘 앞에 꺼져 가는 등불이었고, 그만큼 세상의 변화가 눈앞에 와 있음을 창수는 불안하게 느끼고 있었다.

'나도 새로운 길을 찾아야만 한다.'

그러던 차에 창수는 안태훈의 소개로 고능선이라는 학자를 만나게 되었다. 그는 차림새가 매우 검소한 노인으로 자세에는 흐트러짐이 없었으며 행동이나 말투가 단정하고 학식 또한 높아 안태훈 역시 그를 매우 공경하였다. 창수는 그의 품행이 들어 왔던 명성과 다르지 않음을 보고 존경하는 마음을 품게 되었다.

"창수, 내 사랑방에 한번 놀러 오지 않겠는가? 나와 같이 종종 세상 이야기도 하고 학문도 토론하면 자네에게도 좋지 않겠는가?"

어느 날, 고능선이 창수에게 말을 건넸다. 그 역시 창수의 사람됨을 알아보았던 것이다. 창수는 감동하여 대답했다.

"선생님께서 저를 이리 너그럽게 대해 주시니 몸 둘 바를 모르겠습니다. 제가 그 마음을 감당할 만한 능력이 있을지 모르겠습니다."

창수는 그날부터 고능선을 스승으로 모시고 매일같이 그의 사랑방으로 가 함께 이야기를 나누었다. 고능선의 세상 보는 안목과 높은 학식은 앞으로 나아갈 길을 찾던 창수의 목마름을 해소해 주는 소낙비와 같았다.

고능선은 어려운 책만 들여다보는 교육 방식을 사용하지 않았다. 다만 세상사를 어떻게 판단해야 하는지, 일을 할 때에는 어떤 마음가짐을 가져야 하는지 등 스스로가 인생을 살아오며 깨우친 것들과 연구하며 알게 된 것들을 창수에게 설명해 주었다. 또 그때그때 창수의 마음을 살피며 용기를 북돋아 주고 부족한 점을 채워 주려 하였다.

"자네가 여러 번 실패를 겪어 힘든 시절을 보낸 것을 알고 있네. 그러나 자네가 마음 좋은 사람이 되려는 생각을 가졌다면 몇 번 길을 잘못 들어서서 실패했더라도, 그 결심만은 번지 말고 끊임없이 고치며 앞으로 나아가게. 그러다 보면 목적지에 도착할 날이 반드시 있을 것이네. 실패는 성공의 어머니며 고통은 즐거움의 뿌리이니 너무 상심하지 말게."

어지럽고 불안했던 창수의 마음을 꿰뚫어 본 스승의 말에 창수는 마음의 상처가 가시는 것을 느끼며 고개를 숙였다.

새로운 스승과 함께 보내는 시간은 혼자 고민하던 시간보다 빠르게 지나가는 것 같았다. 매일의 만남이 가져다주는 깨달음은 말로 표현할 수 없을 만큼 큰 힘이 되었다. 새로이 알게 된 지식들은 창수의 눈을 넓혀 주고, 스승의 한 마디 한 마디는 창수의 마음 빈구석을 채워 주었다.

청·일 전쟁에서 승리하고, 동학 농민군도 물리친 일본은 조선을 삼키려는 야욕을 점점 더 드러내고 있었다. 그날도 창수는 밤이 깊어지도록 스승과 이야기를 주고받고 있었다. 나라의 앞날에 대해 이야기하던 중 스승이 근심 많은 표정으로 말했다.

"천하에 흥해 보지 못한 나라가 없고, 망해 보지 않은 나라가 없네. 예전에는 나라가 망해도 토지와 백성은 그대로 두고 임금 자리만 빼앗기는 것이었지만, 지금 나라가 망한다는 것은 임금뿐 아니라 토지와 백성까지 모두 강제로 빼앗기는 것이네. 우리나라도 이제 왜놈들에게 망하게 되었네.

조정 대신들은 힘 있는 외세에 붙어 그저 자기 자리를 지키는 데에만 급급하고, 학식을 가진 자들 역시 한탄만 할 뿐 어떤 행동도 하지 않으니 이를 어쩌면 좋은가. 나라가 망하는 데에는 신성하게 망하는 것과 더럽게 망하는 것이 있는데, 우리나라는 더럽게 망하게 생겼네."

"그게 무슨 말씀이십니까? 좀 더 말씀해 주십시오."

"백성들이 의(義)를 지키고자 끝까지 함께 싸우다가 죽는 것은 신성하게 망하는 것이요, 백성과 신하가 적에게 아부하다 꾐에 빠져 나라를 넘기는 것은 더럽게 망하는 것일세. 지금 왜놈들이 온 나라에 차고 넘쳐 이제는 대궐까지 들어와 자기들 마음대로 하려 하니 이제 곧 나라가 더럽게 망하게 생겼네."

스승의 말에 창수의 가슴에 울분이 차올랐다. 일본군의 총소리 앞에서 후퇴할 수밖에 없었던 기억, 진정으로 나라를 위하지 않는 조정 대신들의 이기적인 모습이 떠올라 감정이 북받쳐 눈물마저 나왔다.

"그래도 백성으로서 뭐라도 해야 하지 않겠습니까?"

"자네 말이 옳네. 기왕 망할 나라라도 망하지 않도록 힘써 보는 것이 백성의 의무이지. 역사를 보면 망하지 않은 나라가 없고, 죽지 않는 사람이 없은즉, 자네나 나나 이제는 죽음으로 나라에 충성하는 일만 남아 있네."

창수는 차오르는 울분을 억누르며 마음속으로 새로운 다짐을 했다. 망해 가는 나라를 위해 이 한 몸 바치는 것, 그것은 올바른 백성의 길이자 '마음 좋은 사람'이 되는 길이기도 했다. 그 길은 매우 험하고 고된 길이 될 것이라는 예감이 들었다.

4장
진정 옳은 일이라면

'아, 이제 이 나라를 진정 잃게 되는 것인가.'

창수는 스승과의 이별에 마음 아파할 사이도 없이 나라를 구할 길을 찾아 중국을 향해 가고 있었다. 그곳에서 동료들을 모아 의병이라도 일으킬 기회를 찾고자 했던 것이다. 스승인 고능선 선생이 몸을 피하도록 권한 것도 계기가 되었다.

"이제 관리들이 단발을 하고 나면 우리들 상투도 모두 자르려 할 터이니 창수 자네는 서둘러 몸을 피해 단발의 화를 면하도록 하게. 나는 여기 남을 것이나 만약 단발을 당하면 죽기로 작정하였네."

창수가 보기에 이 나라는 이제 일본의 힘에 눌러 아무런 힘도 갖지 못한 채 이름만을 겨우 유지하고 있는 것 같았다. 조선의 국모(國母) 명성 황후는 러시아의 힘을 빌려 일본을 견제하려고 하였는데, 이를 눈엣가시로 여긴 일본은 결국 군대와 깡패들을 동원해 명성 황후를 죽이고, 그 시신까지 불태우는 끔찍한 짓을 저질렀다. 그 소식을 들은 창수는 끓어오르는 분노로 인해 피가 거꾸로 솟구치는 것만 같았다.

'감히 한 나라의 왕비를, 그것도 함부로 궁궐에 침입해 비참하게 난도질해 죽이다니…….'

일본의 야욕에 의해 왕실마저 피로 물든 이 나라는 이미 망해 버린 것이나 다름없었다.

일본의 힘을 업은 친일파들은 새로운 정권을 세우고 백성들에게 상투를 자르라는 단발령을 내렸다. 군대와 경찰은 이미 모두 머리를 깎았고, 관리들도 단발을 실시하던 중이었다. 단발령에 크게 반발하는 스승을 뒤로하고, 창수는 중국을 향해 떠났다.

그런데 평안남도 안주를 지날 때쯤 창수의 발길을 잡는 글이 눈에 띄었다. 어찌 된 일인지 단발 정지령이 내린 것이다. 사람들에게 소식을 들어 보니, 서울 종로에서 강제로 단발을 시키다가 이에 반발한 사람들이 일본인들을 때려죽이고 집을 부수는 등 한바탕 난리가 났기 때문이라고 했다.

'음, 그런 큰 소동이 일어났구나. 여기까지 단발 정지령이 내려진 것을 보면 앞으로 또 변화가 있을 것 같은데……. 또 **삼남 지방**에서는 의병을 일

> **삼남 지방**
> 충청도, 전라도, 경상도를 함께 이르는 말.

으킨다고도 하니 이렇게 곧바로 중국으로 넘어갈 게 아니라 다시 돌아가 움직임을 좀 파악해 보는 것이 필요하겠다.'

창수는 중국으로 향하던 발길을 다시 돌리게 되었다.

돌아가던 길에 배를 타고 황해도의 치하포에 다다르니 날은 이미 어두워져 있었고, 그곳 주막에는 벌써 많은 사람들이 묵고 있었다. 2월 하순의 살을 에는 듯한 추위와 거센 풍랑으로 인해 뱃길이 막힌 탓이었다. 창수도 마침 이곳으로 오던 중 강 위에 떠다니는 얼음덩어리에 막혀 오지도 가지도 못 할 처지였는데, 함께 탄 사람들과 힘을 합쳐 얼음을 밀어내고는 가까스로 온 길이었다. 창수는 곧바로 지쳐 쓰러져 잠이 들었다.

왁자지껄한 소리에 잠을 깨어 보니, 아침 식사가 막 시작되고 있었다. 일어나 앉았는데 웬 수상한 사람이 창수의 눈에 들어왔다. 짧은 머리에 한복을 입고 조선말을 쓰고 있는 그 남자는 분명 일본인이었다. 다른 사람들은 아무런 눈치를 채지 못하는 듯하였으나, 창수가 자세히 살펴보니 과연 그의 옷 사이로 살짝 칼집이 보였다. 틀림없는 일본 칼이었다.

'이곳은 일본인들의 출입이 많아 그들이 본래 자기들의 옷차림으로도 거리낌 없이 다니는 곳이다. 그러니 저자가 장사를 하는 사람이거나, 기술자라면 굳이 우리 조선 사람으로 위장까지 해서 다닐 필요가 있을까?'

창수의 생각에는 그자가 조선의 국모를 **시해**한 미우라이거나, 혹은 그 공범일 것만 같았다. 만약 아니더라도 어쨌든 칼을 숨기고 행색을 속이며 다니는 일본인이 우리 국가와 민족에게 해로울 것임은 틀림없었다.

'내가 저놈을 죽여서라도 국가의 치욕을 씻고 국모의 원수를 갚으리라.'

이 같은 결심을 하고 나니 창수는 곧 몸이 뜨거워지는 것을 느꼈다. 그렇지만 주위를 살펴보자 이내 걱정과 두려움이 생겼다. 주막에 가득 찬 손님들의 수가 40여 명은 되어 보였고, 그중 그 일본인의 패거리가 얼마나 섞여 있는지 알 수 없었던 것이다. 게다가 그는 칼을 차고 있는 반면 창수는 혼자인 데다 빈손이었다.

'괜히 덤벼들었다가 애꿎은 내 목숨만 저놈의 칼에 죽는 것이 아닐까?'

죽는 것은 둘째 치더라도, 혹시 아무 말도 못 하고 죽는다면 나라를 위한 자신의 의지나 목적은 세상에 드러내지 못하고, 오히려 사람들이 창수를 겁 없이 남에게 덤비다 죽은 일개 도적놈으로 알고 말 것이 두려웠다. 또 단번에 저자를 죽이지 못해, 그사이에 만약 다른 사람들이 그를 말리기라도 하면 그 틈을 타 저 일본인이 칼로 자신을 해치지 않을까 하는 염려도 되었다. 한번 두려움이 일어나니 불가능을 외치는 생각들이 꼬리에 꼬리를 물고 일어났다. 아무리 생각해도 무모한 일 같았다.

그러나 그때, 한 줄기 밝은 빛이 창수의 가슴을 밝게 비추는 느낌이 들면서 스승 고능선의 목소리가 들려왔다.

"무슨 일이든지 밝게 보고 잘 판단한다 할지라도 결단력이 부족하면 아무 소용이 없는 법이네. 가지를 잡고 나무를 오르는 것은 대단한 일이 아니지만, 벼랑에 매달려 잡고 있던 손을 놓는 것은 가히 장부만이 할 수 있는

시해
부모나 임금을 죽임.

일이지."

스승이 평소 강조하던 말씀이었다. 두려움이 있을지라도 옳다고 생각하는 일에 몸을 던질 수 있어야 장부라 할 수 있다는 뜻이다. 들을 때마다 고개를 끄덕이던 말씀이지만 이 순간 비로소 그 참뜻이 가슴에 다가왔다.

창수는 스스로에게 물어보았다.

'저 일본인을 죽여 국모의 원수를 갚는 일이 옳다고 확신하는가?'

'그렇다.'

'네가 어릴 적부터 다짐했던 건 어떤 사람이 되는 것이었는가?'

'나의 소원은 '마음 좋은 사람'이 되는 것이다.'

'그러나 지금은 원수를 죽이려다 성공하지 못하고 한낱 도적의 시체로 남겨질까 봐 걱정하고 있지 않은가. 마음 좋은 사람이 아니라 '자신에게 이로운 일만 하고 이름을 알리려고만 하는 사람'이 되고 싶은 것이 아닌가?'

'그래. 내 여기에서 비록 저자를 죽이지 못하더라도 마음속으로 옳다고 생각하는 일을 하다 죽자.'

진정 벼랑 끝에 매달린 손을 놓을 결심으로 죽음을 각오하고 나니, 두근대며 두려워하던 마음속이 어느새 잔잔해지고 오히려 침착해짐을 느꼈다.

이제 차분한 마음으로 둘러보니 그 일본인은 식사를 마치고 문기둥에 기대어 서서 일행이 밥값 계산하는 것을 지켜보고 있었다. 창수는 서서히 몸을 일으켜 그쪽으로 자연스럽게 다가갔다.

"네 이놈!"

갑작스럽게 창수의 발길에 걷어차인 그 일본인은 거의 한 길이나 되는 계단 아래로 굴러 떨어져 바닥에 처박혔다. 창수는 바로 쫓아 내려가 그의 목을 발로 힘껏 밟고 소리쳤다. 주막의 문이란 문은 모두 열리면서 사람들이 앞다투어 고개를 내밀었다.

"누구든 이 왜놈을 위해 내게 덤비는 자는 죽음을 면치 못할 것이다!"

그사이 몸을 빼낸 일본인은 어느새 칼을 빼 들고 일어나 있었다. 빛을 받아 번쩍거리는 서슬 퍼런 칼날이 창수를 향하고 있었다. 이내 그는 창수를 똑바로 바라보며 이를 악물고 달려들었다. 창수는 순식간에 얼굴로 떨어지는 칼날을 한쪽으로 피하며, 힘껏 내리친 탓에 허술해진 그자의 옆구리를 발길로 걷어차 버렸다. 그리고 곧바로 그의 손목을 짓밟아 잡고 있던 칼을 손에서 떨어뜨렸다. 창수는 얼른 주워 든 칼을 그에게 내리쳤다.

주막의 마당은 이내 피로 물들었다. 그 광경을 지켜보던 모든 사람은 창수의 서슬에 눌려 두려움에 떨고 있었다. 창수는 가쁜 숨을 몰아쉬고, 조금 안정을 취한 뒤에 그 사람의 소지품을 조사해 보았다. 자세히 살펴보니 그는 쓰치다라는 자로, 일본 육군 중위였다. 가진 돈이 모두 800냥쯤 있어 창수는 동네 가난한 사람들에게 나누어 주도록 하였다.

"왜놈의 시체는 어찌할까요?"

주막 주인이 묻자 창수가 대답했다.

"왜놈들은 우리 조선 사람들뿐 아니라 모든 생물들의 원수이기도 하니 바다에 던져 물고기나 자라들이 즐겁게 뜯어 먹도록 하시오."

사람들은 창수가 일본인에 대한 복수심을 불태우는 것을 보고 그에게 존경심을 품게 되었다. 창수는 또 주인에게 먹과 붓을 가져오도록 했다. 그

러고는 사람들이 지나다니는 길에 아래와 같은 글귀를 붙여 두었다.

국모의 원수를 갚기 위하여 이 왜놈을 죽였노라.
해주 백운방 텃골 김창수

이 일은 삽시간에 퍼져 이곳저곳에서 사람들이 치하포의 사건에 대해 끊임없이 이야기했다. 창수가 집으로 돌아오던 길에 만난 지인들은 하나같이 그에게 어서 자리를 피하고, 집으로 돌아가면 곧 잡힐 테니 다른 곳으로 숨으라고 일러 주었다.

"사람은 모름지기 밝고 떳떳해야 합니다. 저는 집에 가 있겠습니다."

창수는 이같이 대답하고 곧 부모님이 계신 집으로 돌아왔다. 그동안 있었던 일을 듣게 된 창수의 부모는 자식 걱정이 앞서 어서 피신할 것을 권했다. 그러나 창수는 이번 일이 개인적인 감정으로 한 일이 아니라, 나라의 수치를 씻기 위해 행한 것이니 정정당당하게 대처하겠다고 말했다.

"피신할 마음이 있었다면 애당초 그런 일은 하지 않았을 것입니다. 이 한 몸 희생하여 우리 조선 사람들의 가슴에 조그만 교훈이 된다면 죽더라도 영광된 일입니다. 피하기보다 떳떳하게 대처하는 것이 의로운 일이라고 생각합니다."

창수는 두렵지 않았다. 그것이 옳다고 믿는 일이었기 때문이었다.

항일 의병 운동을 일으킨 주요 사건들

일본의 횡포에 맞서 일어난 항일 의병 운동은 1894년의 동학 농민 운동에서 그 뿌리를 찾아볼 수 있다. 1895년 명성 황후 시해 사건과 단발령 시행에 항거하여 일어난 을미의병, 1905년 일본의 강압에 의해 맺어진 을사조약에 반대하여 일어난 을사의병, 1907년 고종을 강제로 퇴위시키고 대한 제국 군대도 해산한 것에 반발하여 일어난 정미의병으로 이어진 의병 정신은 이후 계속하여 항일 무장 독립운동으로 이어지게 된다.

최익현: 조선 말기의 문신. 단발령이 실시되자 '목을 자를지언정 머리카락은 자를 수 없다'며 격렬하게 반대하였고, 을사조약이 체결되자 74세의 고령으로 의병을 일으켜 일제에 대항하였다. 체포되어 쓰시마 섬에 유배된 뒤 일본이 주는 음식은 먹지 않겠다며 단식하다가 사망하였다.

을미사변

고종과 명성 황후는 일본의 세력을 견제하기 위해 러시아와 손을 잡고 친러 정책을 펼쳤다. 이에 일본은 군인인 미우라를 조선 공사로 파견하고 조선 진출에 큰 걸림돌이 되는 명성 황후를 없앨 계획을 짠다. 결국 명성 황후는 1895년 10월 8일, 미우라가 동원한 일본인 정치 깡패들에게 잔인하게 살해당하고 말았다. 그러나 범인들은 증거 불충분으로 모두 풀려났고, 일본은 고종을 협박하여 친러 내각을 몰아내고 친일 내각을 세우게 된다.

단발령

을미사변 이후 친일 세력인 김홍집을 중심으로 구성된 내각이 주도하여 여러 가지 개혁을 실시했다. 그중에는 백성들에게 머리를 깎도록 한 단발령이 포함되었는데, 이는 부모로부터 받은 신체와 머리털은 함부로 훼손하면 안 된다고 여기는 조선의 전통을 무시하고 민족정신을 짓밟는 것이었다.

을사조약

1905년 일본이 우리나라의 외교권을 박탈하기 위해 강제로 체결한 조약. 강제로 맺은 조약이라는 뜻으로 을사늑약이라고도 한다. 일본이 파견한 이토 히로부미는 군사들을 이끌고 강압적인 분위기로 조약 체결 승인을 요구하였으나, 고종은 거부의 뜻을 밝혔다. 그리자 일본은 정부 대신들 가운데 조약 체결에 찬성하는 외부대신 박제순, 내부대신 이지용, 군부대신 이근택, 학부대신 이완용, 농상공부대신 권중현을 따로 불러 조약을 맺고 말았다. 고종 황제의 서명도 없이 강제에 의해 비합법적으로 맺어진 을사조약을 시작으로, 일본은 우리나라의 주권을 완전히 빼앗고 한반도를 차지하기 위한 발판을 마련하게 되었다.

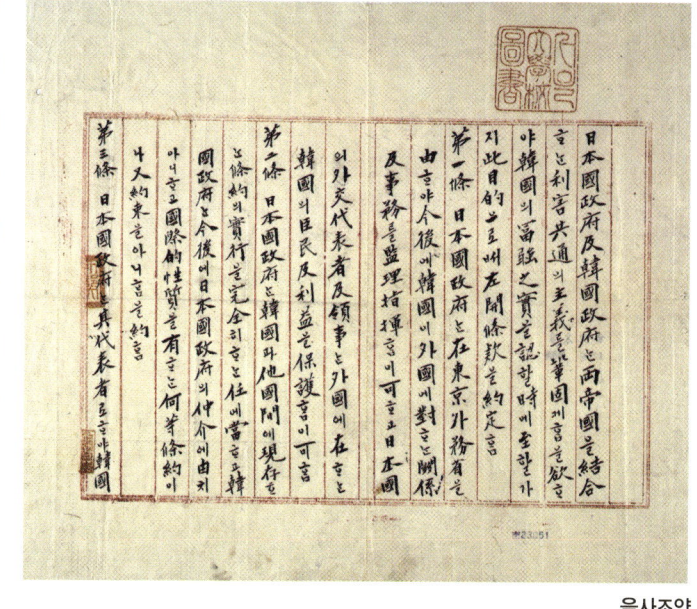

을사조약

5장
죽음이 두려울쏘냐

치하포에서 일본군 중위 쓰치다를 죽인 지 석 달이 지난 1896년 5월 11일, 창수는 체포되어 해주 감옥에 들어갔다. 그는 자기를 잡으러 온 많은 **순검**들 앞에서도 떳떳한 자세를 잃지 않았다.

"네가 안악 치하포에서 일본인을 살해하고 도적질을 한 것이 사실이냐?"

"그런 일 없소."

자신이 한 일을 한낱 도적질로 몰아붙이는 **신문**에 저항했다는 이유로 창수는 심한 고문을 받았다. 고문을 받으면서도 자신이 그러한 일을 한 이유를 세상에 떳떳이 알려야 한다는 결심은 더욱 커졌다. 창수는 모진 고문 앞에 몇 번이나 기절하면서도 해야 할 말을 똑바로 선했다. 몸이 망가져 정신을 차릴 수 없을 지경에 이르러서도 자신의 뜻을 꺾지 않았다.

"나의 체포장은 내무부에서 발급한 것이니 여기 해주에서는 처리할 수 없는 일이 아닙니까. 내무부에 보고하여 주십시오."

이렇게 주장한 결과, 창수는 두 달 뒤 인천 감옥으로 옮겨 가게 되었다. 그곳에서 재판이 열리게 된 것이다.

해주를 떠나 인천 감옥으로 가는 중 나진포에서 인천으로 가는 배를 탔을 때, 창수를 뒤따라오던 어머니가 아무도 듣지 못하는 목소리로 이렇게 말했다.

"네가 이제 인천으로 가게 되면 틀림없이 왜놈 손에 죽게 될 터이니, 차라리 여기 맑은 물에 함께 빠져 죽어 귀신이 되어서도 우리 같이 다니자."

어머니가 결심이 선 표정으로 창수의 손을 뱃전으로 잡아끌자, 창수가 말했다.

"어머니, 저는 결코 죽지 않을 것입니다. 저는 나라를 위해 정성을 다하여 원수를 갚으려 하였으니, 틀림없이 하늘이 도우실 겁니다."

하지만 마음속으로는 비록 나라를 위해 택한 일일지라도 부모님에게는 말 못 할 몸 고생과 마음고생을 시켜 드린 점이 심히 괴로운 창수였다. 아들

순검
조선 후기 경무청에 속한 벼슬로, 오늘날의 경찰과 같은 역할을 했다.

신문(訊問)
사건의 증인이나 당사자를 불러 알고 있는 사실을 캐어물음.

이 잡혀가는 길을 걱정과 근심으로 뒤따르는 어머니의 모습을 볼 때마다 죄송함에 속울음을 삼킨 적이 몇 번인지 셀 수 없을 정도였다.

인천 감옥에 도착한 창수는 도적들을 넣어 두는 감옥에 갇혀 다른 도적들과 같이 9명의 발목을 하나로 묶는 **형구**를 착용하게 되었다. 감옥 안이 매우 불결한 데다 더운 여름철이라, 창수는 장티푸스라는 병에 걸려 극심한 고통을 겪는 중에 첫 신문일을 맞았다. 병이 낫지 않아 겨우 말이나 할 수 있을 정도로 쇠약해 있으면서도 창수는 신문에 임하는 마음가짐을 다잡았다.

'내가 해주에서 모진 고문 속에서도 사건을 부인했던 이유는 내무부에 가서 높은 관리들을 보고 나의 뜻을 이야기하기 위함이었다. 그러나 인천 감옥에 와서 병으로 죽게 생겼으니, 이곳에서라도 내가 그 왜놈을 죽인 뜻을 분명히 말하고 죽어야겠다.'

간수의 등에 업혀 경무청으로 들어서니, **경무관**이 놀란 기색을 감추지 못하고 물었다.

"아니 저 죄수가 왜 이리 험한 꼴로 업혀 오느냐?"

"열병에 걸려 아픈 와중이라, 제가 업고 오게 되었습니다."

간수가 대답했다.

"네가 정신이 있어 묻는 말에 바른 말로 대답할 수 있겠느냐?"

이번엔 창수를 향한 물음이었다.

"정신은 있으나 목이 말라 말을 하기 힘드니 물을 한 잔 주시면 마시고 말을 하겠습니다."

창수가 이렇게 대답하니 곧 물을 가져다 마시게 해 주었다.

이어 경무관의 신문이 시작되었다.

"네가 안악 치하포에서 일본인을 죽인 것이 사실이냐?"

"본인이 그날 그곳에서 우리 국모의 원수를 갚기 위해 왜놈을 한 명 때려죽인 일이 있습니다."

창수의 말에 신문을 지켜보던 조선 관리들은 일제히 서로를 쳐다보며 숨을 죽였다. 일개 강도범인 줄 알았던 청년의 입에서 '국모', '원수'라는 말이 나올 줄은 생각지도 못했던 것이다. 그도 그럴 것이, 치하포에서 사건을 맡았던 일본인들은 창수가 붙여 두었던 글을 어느새 떼어 버리고 그를 순전히 살인강도로 꾸며 놓았던 것이다. 갑자기 조용해진 탓에 공기마저 서늘해진 느낌이었다.

그때 창수 옆에서는 와타나베라는 일본 순사가 그의 신문 과정을 지켜보고 있었다. 그 역시 분위기가 바뀌는 것을 느꼈는지 통역관에게 그 이유를 물어보는 듯했다. 창수는 순간적으로 와타나베를 향해 외쳤다.

"네 이놈! 나라끼리 서로 화친하자는 조약을 맺어 놓고 그 나라 임금을

형구
형벌을 가하거나 고문을 하는 데 쓰는 여러 가지 기구.

경무관
1894년 이후 조선의 경찰 업무와 감옥의 일을 맡아보던 경무청에서 두 번째로 높은 벼슬.

죽이라는 법이 세상천지에 어디에 있느냐. 이 개 같은 왜놈아, 너희는 어찌하여 우리 국모를 시해하였느냐. 내가 살아서는 이 몸으로, 죽게 되면 귀신이 되어서라도 네놈의 임금을 죽이고 왜놈의 씨도 남기지 않고 다 죽여 나라의 치욕을 씻고 말겠다!"

다 죽어 가던 창수의 불같은 외침에 놀란 와타나베는 얼른 뒤쪽으로 몸을 감추었다. 경무청 안의 공기가 다시 긴장되기 시작하자, 경무관들은 이 사건의 중대함을 깨닫고 제일 높은 **경무사**에게 직접 신문을 맡기게 되었다.

잠시 후에 경무사가 들어와 경무관에게 그간의 일이 일어난 경과를 들었다. 창수는 가장 높은 지위의 경무사에게도 당당함을 유지한 채 말했다.

"나는 시골의 일개 상민에 불과하지만 백성의 도리를 다해 왜놈 하나를 죽여 나라에 수치를 안긴 원수를 갚으려고 하였습니다. 그런데 아직 우리 동포가 왜인들의 왕을 죽여 복수했단 말을 듣지 못했으니 이게 어찌 된 일입니까? 더구나 나라의 녹을 받는 사람들이 어찌하여 한갓 부귀영화를 바라는 더러운 마음으로 임금을 섬기는 것입니까?"

창수의 말을 들은 관리들은 저마다 얼굴이 붉게 달아올라 부끄러움에 고개를 떨어뜨리고 있었다. 창수의 태도는 옳은 일을 한 사람의 당당함이었고, 창수를 신문하던 관리들이 오히려 죄인과 같은 모습이었다.

경무사
대한 제국 때 경무청의 으뜸 벼슬.

신문이 끝나 다시 간수의 등에 업혀 나가는데, 사람들이 몰려들어 희귀한 사건이라고 떠들며 야단이었다. 신문을 시작할 때부터 관리들의 반응이 심상치 않은 것을 보고 무슨 일인가 하여 궁금해 모여든 것이다. 문 밖까지 둘러선 사람들이 순검들에게 무슨 사건이냐고 물어 대고 있었다.

"해주에서 온 김창수라는 사람인네 국모의 복수를 위해 왜놈을 때려죽였다고 합니다. 아까 왜놈뿐 아니라 경무사에게도 호통을 치는데 그 태도가 얼마나 당당한지 참으로 대단한 젊은이였소."

입에서 입으로 소문이 바람처럼 번져 갔고, 사람들은 마치 자기들의 한을 대신 풀어 준 것처럼 기뻐하며 창수를 대견해했다. 와타나베가 겁에 질린 표정으로 숨었다는 이야기에는 모두 통쾌해하며 창수의 의연한 태도를 존경했다. 창수의 옥바라지를 위해 근처 남의 집에서 식모살이를 하고 있던 어머니도 그 얘기를 듣고 표정이 많이 밝아졌다.

"어쩜 그리 호랑이 같은 아들을 두셨소?"

"옥중에 있는 아드님이 무엇이든 드시고 싶은 게 있거든 말만 하시오. 내가 뭐든 구해다 드리리다."

창수의 어머니가 식모로 있던 집의 주인 부부도 매우 존경하는 태도로 그녀를 대하고, 심지어 신문에 참여했던 경무관조차도 창수의 어머니에게 돈 150냥을 보내며 창수에게 보약을 지어 주라고 하였다.

한편, 다시 감옥에 돌아온 창수가 이번에는 간수에게 호통을 치고 있었다. 그들이 다시 도적들을 모아 둔 방에 창수를 넣고 다른 죄수들과 같이 발목을 한데 묶어 채우려고 했던 것이다.

"전에는 내가 아무 말을 하지 않았기 때문에 나를 강도로 대하든, 도둑으로 대하든 상관하지 않았다. 그러나 이제 내가 국모의 원수를 갚기 위해 왜놈을 죽였다고 말하였음에도 불구하고 아직 나를 일개 도둑놈 취급을 하는 것이냐! 땅에 금만 그어 놓고 그것을 감옥이라 하여도 나는 도망가지 않을 것이다. 너희 관리들은 왜놈들을 기쁘게 하기 위해 나를 이렇게 험하게 대하는 것이냐!"

그 호통에 경무관이 다가와 간수들에게 창수를 좋은 방으로 옮겨 잘 보호하도록 명령했다. 그는 신문에 당당히 맞서는 창수를 보며 부끄러움과 동시에 존경심을 가졌던 것이다. 그때부터 창수는 감옥 안에서 영웅이 되었다. 그리고 그 **의기**를 존경한 많은 사람들이 줄줄이 면회를 청하여 위로도 하고, 응원도 하였으며, 맛있는 음식도 가져다주었다. 창수가 세 번에 걸쳐 끝까지 꿋꿋한 태도로 신문을 마치는 동안, 감옥 안의 사람들은 죄수이든 간수이든 모두가 그를 존경하고 함부로 대하지 않게 되었다.

창수는 감옥 안에 갇혀 있는 동안 인천 감옥의 직원 중 한 명이 권해 준 **《태서신사(泰西新史)》**라는 책에 빠져 지냈다. 창수는 밥 먹는 시간도 잊을

의기
정의감에서 우러나오는 기개.

《태서신사(泰西新史)》
19세기 유럽의 역사를 다룬 책. 부강한 나라를 만들기 위해 교육을 중시해야 한다는 내용을 담고 있다.

정도로 이 책을 읽었다. '아침에 도를 깨우치면 저녁에 죽어도 좋다'는 공자의 말을 생각하며, 죽음을 당할 날까지 글이나 실컷 읽으리라 하고 손에서 책을 놓지 않았다. 이 책에는 세계 각국의 정치와 문화, 경제, 도덕, 교육 등의 내용이 담겨 있어, 그동안 동양의 유학자들만 접해 오던 창수의 안목을 넓혀 주고, 가슴속에 새로운 바람을 불러일으켜 주었다.

'그동안 서양의 문화를 배척하는 것을 옳은 일로만 여겼으나, 이제 새로운 서적들을 읽고 보니 내가 깨우치는 것이 많구나. 오랑캐로만 여겼던 사람들이 도리어 나라를 세우고 다스리는 법규가 우리보다 사람답지 않은가. 오히려 우리 탐관오리들이 오랑캐보다도 못하구나.'

세계를 바르게 알고 무엇이든 백성과 나라에 도움이 되는 길을 배우는 것은 창수에게 앞으로 나아갈 길을 알려 주는 이정표와 같았다. 다만 감옥 안에 갇혀 앞날이 어찌 될지 알 수 없어 막막할 뿐이었다.

창수는 독서에 몰두하는 한편 함께 갇혀 있는 죄수들의 교육에도 힘썼다. 당시 인천 감옥에는 100명 가까운 죄수들이 있었는데, 그중 대다수는 글을 읽고 쓸 줄 모르는 문맹이었다. 창수가 글을 가르쳐 주겠다고 하자 많은 이들이 배우기 위해 모여들었다. 비록 사람들이 창수에게 가져다주는 맛있는 음식을 얻어먹은 것에 감사하는 뜻으로 억지로 배우는 척만 하는 죄수들이 많았지만, 많은 죄수들이 자신과 처지가 같은 죄수를 스승으로 모시고 공부하는 모습은 누가 봐도 신기한 광경이었다. 당시 〈**독립신문**〉에는 김창수가 감옥에 들어간 후로 인천 감옥이 학교가 되었다는 기사가 실리기도 하였다.

이렇게 자신의 처지에 아랑곳하지 않고 하고자 하는 일, 사람들에게 도움이 되는 일을 찾아 부지런히 행하는 창수를 보며 주위 사람들은 창수의 됨됨이를 우러러보게 되었다.

책을 벗 삼아 하루하루를 보내고, 죄수들의 교육에 힘쓰며 지내던 어느 날, 〈독립신문〉에는 여러 중범죄자들의 이름과 함께 김창수의 이름이 실렸다. 이들이 교수형에 처해지게 되었다는 기사였다.

'드디어 결정이 났구나.'

창수는 얼마 남지 않은 사형 집행일을 보고서도 마음에 좌절이나 절박한 심정이 일어나지 않는 것이 스스로도 신기했다. 오히려 밥을 먹고 책을 읽으며 사람 만나는 일을 평소와 같이 하였다. 자신은 마땅히 해야 할 일을 하였으며, 이제 와 후회할 일도 없다고 생각했다. 신문을 본 사람들이 찾아와 애석해하며 눈물을 흘리고 분개하며 마지막 인사를 나누었다. 창수는 오히려 그 사람들을 위로했다.

〈독립신문〉
1896년 서재필, 윤치호 등이 중심이 된 독립 협회에서 발행한 신문. 우리나라 최초의 한글 신문으로, 한글과 영문으로 나라 안팎의 소식을 알리고 국민들에게 자주 독립 정신을 길러 주었다.

6장
양반도 깨어라, 상놈도 깨어라

시간은 멈추는 일 없이 하루하루 속절없이 흘러가고, 이윽고 창수의 사형 집행일이 다가왔다. 인천 감옥에서는 보통 오후에 사형을 집행하였으므로, 창수는 여느 날과 다름없이 아침과 점심을 먹고 마음을 가라앉히며 책을 읽고 있었다. 옛 성현의 말씀을 읽으며, 마지막을 그들의 뜻과 함께할 생각이었다. 동료 죄수들은 물론이고, 사형을 집행해야 할 간수들까지 마음 아파하며 그 순간이 오지 않기를 기도하고 있었다.

사형 집행 시간이 한참이나 지난 때였다. 감옥 안은 온통 정적에 휩싸여 있었다. 초조함이 안개처럼 복도를 떠돌았다. 창수와 함께 있던 동료 죄수들은 숨도 함부로 쉬지 못하고 벌벌 떨고 있을 뿐이었다.

저벅 저벅 저벅…….

의연한 태도를 잃지 않던 창수도 여러 사람의 발자국 소리가 들리자 지난 삶의 순간순간이 눈앞을 지나가는 듯했다. 돌이켜 보면 배우고자, 사람답게 살고자 힘들게 애써 오기만 했던 삶이었다. 그러나 후회는 없었다.

"김창수, 어느 방에 있소?"

"나 여기 있소."

"어이쿠, 당신 이제 살았소! 우리 감옥 직원들 전부 아침부터 지금까지 밥도 먹지 못하고 창수를 어찌 우리 손으로 죽인단 말이냐 하고 한탄만 하고 있던 차에 우리 황제 폐하께서 당신의 사형 집행을 정지하라는 명을 내리셨소. 오늘 하루 얼마나 상심이 크셨소. 이제 안심하시오."

마치 한겨울이 순식간에 따뜻한 봄으로 바뀌는 것만 같은 느낌이 들었다. 창수의 가슴에는 한 줄기 향긋한 바람마저 불어오는 듯했다.

'내가 왜놈에게 죽든지, 충의를 몰라주는 조선 관리들에게 죄인으로 몰려 죽든지 둘 중 하나라고 생각했건만 지금 황제께서 나의 죄 없음을 인정하여 준 것이 아닌가? 세상에 이런 일이 다 있구나.'

그 일이 있은 후로 감옥에서는 너 나 할 것 없이 더욱더 창수를 우러러보았다. 죽음을 앞두고도 태연하고 당당했던 그 모습이 사람들에게는 무척 놀라운 일이었을 뿐 아니라, 이제 극적으로 죽음을 면하는 창수를 바라보니 기적이 따로 없는 것 같았다.

"과연 김창수로군. 타고난 인물이야."

"곧 목이 졸려 죽을 판에도 평소와 똑같았던 걸 보면 필시 자기가 죽지 않을 것을 미리 알았던 것이야."

며칠 동안 창수의 사형 정지를 축하해 주려는 사람들의 발길이 이어졌고, 이제는 곳곳에서 여러 사람이 그의 석방을 위해 힘쓰기 시작했다. 특히 그중에서도 강화도의 김주경이라는 사람은 자신의 재산을 털어 높은 자리의 관리들을 만나며 창수의 석방을 위해 밤낮없이 노력했다.

하지만 그의 아낌없는 노력에도 권세 있는 자들은 그저 자신들의 자리를 지키려고 일본인들의 눈 밖에 나지 않기 위해 몸만 사리고 있었다. 김주경은 창수의 어머니 이름으로 여러 관청에 진정서도 내 보았으나, 역시 이리저리 대답을 미루는 말만 들을 뿐이었다. 결국 모든 재산을 창수를 위해 다 써 버린 김주경은 마지막으로 창수에게 편지 한 통을 보냈다. 그 편지에는 시 한 편이 실려 있었다.

> 조롱을 박차고 나가야 진실로 좋은 새이며
> 그물을 떨치고 나가야 예사스런 물고기가 아니리.
> 충(忠)은 반드시 효(孝)에서 비롯되니
> 그대여, 자식 기다리는 어머니를 생각하소서.

창수가 가만히 읽어 보니 은근히 탈옥을 권하는 글이었다. 창수는 자신을 위해 모처럼 힘써 준 김주경에게 무한히 감사하는 마음을 가졌으나, 구차스러운 삶을 살기보다 떳떳한 명분을 지키겠다는 답장을 보냈다. 그리고 전처럼 책을 열심히 읽을 뿐이었다.

그런데 이번에는 한방에서 생활하고 있던 죄수들이 자기들을 탈옥시켜 달라고 창수에게 매달리게 되었다.

"선생님, 저희를 좀 살려 주십시오. 선생님이야 황제께서 언제든지 풀어 주라고만 하면 나가서 곧 귀하게 되시겠지만 남은 저희들은 포악한 간수들 밑에서 어찌 10년을 다 채우고 살 수 있겠습니까? 그동안 저희들을 가르쳐 주셔서 이제 편지도 쓰게 되었습니다만, 여기서 죽는다면 그렇게 공부한 것을 무엇에 쓰겠습니까? 제발 저희를 불쌍히 여겨 주십시오."

아무래도 창수가 먼저 감옥을 나가게 되면, 간수들이 저희들을 대할 때 지금처럼 잘 대해 주지 않을 거란 생각에 두려웠던 모양이었다.

창수도 계속해서 그런 말들을 들으니 마음이 조금씩 흔들렸다.

'가만히 생각해 보니 나를 언제 풀어 줄지도 모르는데, 내가 여기 감옥에 갇혀 있다가 죽는 것이 과연 옳은 일일까? 내가 왜놈을 죽인 것이 죄가 아니라는 것은 우리 황제께서도 인정하여 주시지 않았는가. 게다가 나를 걱정하고, 살리려고 노력한 사람들은 또 얼마나 많은가. 반면 내가 죽기를 바라는 놈들은 오직 왜놈들뿐인데, 내가 그들을 즐겁게 해 줄 이유가 없지 않은가?'

1898년 3월 19일 밤, 인천 감옥은 한바탕 노랫소리로 떠들썩했다. 김창수가 간수에게 150냥을 주고 자신이 한턱낼 테니 고기와 술을 사다 달라고 부탁하여 모두들 신나게 먹고 마시던 중이었다. 그런데 그 와중에 몇몇의 죄수가 어느 순간부터 눈에 띄지 않았다. 상황을 살피던 한 간수의 외침으로 큰 소란이 벌어졌다.

"창수, 김창수가 없다!"

"탈옥이다! 탈옥이다!"

술과 고기를 사 오도록 하고, 노래를 부르도록 하여 인천 감옥을 일부러 떠들썩하게 만든 것은 모두 창수의 계획이었다. 결국 창수는 결심을 굳히고 계획을 치밀하게 세워 몇몇 죄수들을 이끌고 탈출을 감행한 것이었다. 인천 감옥에서 일하던 간수들은 홀연히 사라진 창수와 죄수들을 뒤쫓았으나, 이미 그들의 자취를 찾기 힘들었다. 체포된 지 2년이 지나 창수가 스물셋이 되던 해 봄, 밤안개가 자욱한 어느 밤이었다.

탈옥 후 창수는 곳곳을 떠돌며 많은 사람들을 만났다. 신분을 감추느라, 이름을 김창수(金昌洙)에서 김두래(金斗來)로, 다시 김두래에서 김구(金龜)로 바꾸었다. 김구는 어느 곳에서는 훈장이 되기도 하고, 마곡사라는 절에서 승려 생활을 하기도 했다. 참으로 기구한 운명이었고, 앞날을 내다보기 힘든 삶이었다.

'내 나라에서 당당히 다니지 못하고 이렇게 숨어 다녀야만 하다니······.'

자신이 걷는 길이 나라를 위하여 선택한 길이라 할지라도, 자신의 선택으로 인해 고생하게 된 부모님을 생각하면 어느 때고 눈물이 맺히고, 그저 죄송스러운 마음이었다. 하지만 그동안에도 나라를 위하는 마음은 작은 흔들림조차 없었다. 여러 지방을 다니며 동지가 될 만한 사람들과 인연을 맺고, 백성들이 살아가는 모습을 살펴보며, 나라를 위해 고민하는 시간 동안 김구는 점점 더 큰 사람이 되어 가고 있었다.

"스승님, 그간 어찌 지내셨습니까? 오랜만에 인사드립니다."

오랜만에 만난 스승 고능선은 나이가 든 만큼 거동이 예전 같지 않아 보였다. 돋보기안경을 쓰지 않고는 글을 못 읽을 정도로 눈도 많이 쇠했다. 큰 일들을 겪고, 새로운 지식을 접하며, 요동치는 나라 정세에 휩쓸리면서 어느새 안과 밖이 모두 변해 있는 김구와 반대로, 스승은 변함없는 바위처럼, 큰 나무 그늘처럼 항상 그 자리에 앉아 김구를 기다리고 있었던 것만 같았다. 김구는 스승과 함께 나라를 위해 목숨을 바치겠노라 다짐했던 그 순간이 머릿속에 떠올라 이내 가슴과 눈시울이 뜨거워짐을 느꼈다.

"그간 자네가 왜놈을 죽여 의거하였다는 소식을 듣고 자네의 의기에 매우 놀라고 탄복하였네. 자네가 인천으로 간 후 의병이 실패하여 사정이 매우 어렵게 되었으니, 이제 당분간은 이쪽에서 의병 활동을 이어 가기가 어려울 것 같네. 그래서 지금 몇몇 사람들은 저 멀리 압록강 건너에 자리 잡아 한편으로는 공자를 모시고, 한편으로는 의병들을 모집하여 훈련을 하고 있는 중인데 자네도 그곳으로 가서 장래를 계획해 보는 것이 어떤가?"

스승의 말에 김구는 그사이에 깨달은 세계 사정에 대해 얘기해야겠다는 생각이 들었다. 그것은 바로 그가 죽음을 앞둔 인천 감옥에서도 열심히 읽었던 신서적들을 통해 배운 것들이었다. 김구가 생각하기에 이제 공자의 사상만을 따르고 서양의 것이면 무조건 오랑캐라 하여 배척하는 것은 옳지 않은 일이었다. 그리고 지금 당장 총칼을 들고 싸우는 것보다 더 중요한 일이 있었다.

"어느 나라든지 그 행실을 따져 오랑캐의 행실이면 오랑캐이고, 그 행실이 사람답다면 사람으로 대우함이 옳을 것입니다. 제가 살펴보니 저 대양 건너에 사는 각 나라에는 국가 제도가 잘 갖추어져 있으며 문명도 발달되

어 있습니다. 따라서 제 생각에는 오히려 오랑캐라 부르던 그 나라들에게서 더 배울 것이 많고, 공자와 맹자에게서는 버릴 것이 많다고 생각됩니다. 지금 우리나라에서는 학문과 도덕을 익혔다고 하는 사람들이 오히려 백성을 잔인하게 학대하고, 백성에게서 빼앗은 것을 왜놈들에게 바치며 아첨하고 있습니다. 게다가 온 나라의 백성들은 거의 다 낫 놓고 기역 자도 모르는 일자무식이라 탐관오리의 업신여김과 학대를 당연한 것으로 받아들이고 있습니다. 이대로라면 우리나라는 반드시 망하고 말 것입니다. 그러므로 이제부터라도 세계 여러 나라의 교육 제도를 본받아서 학교를 세우고, 이 나라 자녀들을 교육하여 그들을 건전한 사람들로 키워 내야 합니다. 그럼으로써 먼저 나라를 잃는 고통이 어떤 것인지, 나라를 위한 길이 어떤 것인지 알도록 하는 것이 우선입니다. 그것만이 우리나라를 구하는 길이라고 생각합니다."

스승과 제자는 이제 바라보는 방향도, 가야 할 길도 달랐지만 나라를 위한다는 목적만은 같았다. 김구는 스승과의 마지막 만남 이후 평생 스승을 향한 그리움과 그 사랑의 가르침을 가슴에 품고 살았다. 그는 스승과의 만남으로 인해 나라를 위한 길을 선택할 수 있었고, 두려움이 눈앞을 가릴 때에도 자신이 옳다고 믿는 일을 주저없이 행할 수 있었던 것이다. 이제 스승의 품을 떠난 김구는 앞으로 교육을 통해 많은 사람들을 깨우치는 것에 자신의 인생을 바치기로 다짐하였다.

김구가 서른 살이 되던 해인 1905년, 마침내 을사조약이 체결되고 말았다. 을사조약의 내용 중에는 우리나라의 외교권을 일본이 갖는다는 조항이

들어 있었다. 외교권이란 한 나라가 다른 나라와 교류할 수 있는 권리를 말하는 것이므로, 이제 일본을 통하지 않고는 다른 나라와 교류를 맺을 수 없게 되는 것이었다. 외교권을 잃는다는 것은 자주성을 잃게 되는 것과 마찬가지였다. 고종은 나라를 뺏길 수 없다는 생각으로 끝까지 조약 체결 승인에 서명하지 않았지만, 일본의 강한 압력에 굴복한 몇몇 대신들이 나라를 넘겨주는 그 서류에 도장을 찍고 말았다.

이 소식을 들은 김구는 몇 년간 힘써 오던 신교육에 더욱 박차를 가했다. 황해도로 돌아가 농촌의 학생들을 가르치고, 가난한 시골 마을에 학교를 세웠다. 나라 각지에서는 의병이 벌 떼처럼 일어나 일본의 총칼에 대항하고 있었으나, 김구의 생각으로는 일반 민중들을 교육시키는 것이 급선무였다.

'교육, 교육, 교육만이 사람의 앞길을 열어 준다. 지금 나라의 형세가 매우 위태롭지만, 나라의 앞날에 대한 생각조차 없는 민중들로서는 일본과 싸워 이길 수가 없다. 먼저 머리를 깨쳐야 애국심이 생기고, 애국심이 생겨야만 모두가 한마음으로 나라를 되살릴 수 있는 것이다. 왜놈들이 곧 우리의 생명과 재산을 빼앗고, 우리 자손을 노예로 삼을 것임을 분명히 깨닫도록 해야 한다.'

김구는 전국을 다니며 사람들 앞에서 외쳤다.

"무너져 가는 조국을 일으켜 세우려면 자녀를 교육시키십시오!"

"인재를 키워야만 나라가 부유해지고 강해지는 것입니다!"

"저 일본에게서 나라를 지켜야만 합니다!"

하지만 잠겨 있던 민중의 의식을 깨우는 것은 쉽지 않은 일이었다. 그저 자기들 생활에만 바빠 민족이 무엇인지, 나라는 무엇인지 눈곱만큼도 관심이 없었던 것이다. 게다가 그들은 '교육'이란 말만 들으면 무슨 종교를 믿으라고 하는 줄로만 알아들었다.

'양반들이여! 자기네가 충신 자손이니 공신 자손이니 하며, 평민을 소나 말처럼 여기고 노예시하던 그 당당한 기세는 오늘 어디로 갔느냐! 상놈들이여! 그동안 양반 앞에서 큰 기침 한번 마음 놓고 못 하다가, 이제는 옛날의 썩은 양반보다 나은 신식 양반이 될 수 있는데 어찌 일어나서 배우려고 하지 않는가! 옛날 양반은 그저 조상을 잘 만나 자자손손 그 혜택을 입었지만, 신식 양반은 삼천리 강토의 온 국민에게 충성을 다하여 자기 자손뿐 아니라 이 나라 모든 자손에게 큰 은혜를 남기는 것이니 이 얼마나 훌륭한 양반이냐.'

김구는 고향에 들러 사람들 앞에서 강연을 할 때 목소리를 더욱 크게 높여 울부짖었다.

"양반도 깨어라! 상놈도 깨어라!"

7장
나를 백범(白凡)이라 불러 주시오

"으아아악!"

"또 기절했군. 물을 끼얹어 깨워라!"

달빛이 어스름히 창문 쇠창살을 통해 신문실 안으로 들어와 바닥에 줄 몇 가닥을 그려 놓았다. 쇠창살 밖으로 날리는 눈발 때문인지 바닥에 깔린 파란 달빛이 조금 더 차갑게 느껴졌다. 딱딱한 벽은 사방으로 막혀, 적막한 분위기를 풍기고 있었다.

방 안 구석에는 채찍, 몽둥이, 밧줄 등이 제자리가 없는 듯 뒹굴고 있었고, 천장에는 쇠고리 하나가 매달려 바람에 흔들리며 그 용도를 궁금하게 만들고 있었다. 특별할 것 없는 나무 책상과 의자, 그리고 방 한쪽에는 추위를 밀어내려는 듯 자그마한 화로 하나가 자리하고 있는데, 그 안에는 쇠

막대기 여러 개가 빨갛게 달아오르고 있었다.

방 한가운데 두 손이 등 뒤로 묶인 채, 외마디 비명을 지르고 기절한 자는 바로 김구였다.

1910년, 나라는 완전히 일본의 손아귀에 넘어가게 되었다. 일본에서 파견한 데라우치 통감과 당시 대한 제국의 총리대신이던 이완용 사이에 '한국 전부에 관한 일체의 통치권을 일본에게 완전히 또 영구히 넘길 것을 규정하고 있는 조약', 즉 한·일 병합 조약이 체결된 것이다. 이로써 500년이 넘는 역사를 가진 조선 왕조와 14년 동안 이어진 대한 제국은 완전히 망하고 말았다.

김구는 슬프고 안타까운 마음을 안고 한편으로는 교육 활동에 계속하여 힘쓰고, 한편으로는 몇 년 전부터 몸담아 온 신민회 활동을 통해 나라를 되찾고자 하는 희망을 이어 갔다.

신민회는 1907년 도산 안창호가 미국에서 귀국하여 양기탁, 이동녕, 신채호, 이승훈, 김구 등과 함께 조직한 비밀 결사 조직이었다. 신민회는 학교를 세워 우리 민족을 교육하고, 민족 산업을 일으키는 등의 활동을 했다. 이처럼 겉으로는 청년 교육을 내세웠지만, 실제로는 믿을 만한 동료들과 함께 비밀리에 전국을 다스릴 수 있는 조직을 만들고, 만주로 많은 사람들을 이주시킬 계획을 세우고 있었다. 동시에 무관 학교를 세워 훗날 광복을 위한 전쟁을 일으킬 준비를 하는 단체였다. 김구는 황해도 대표로서 그와 같은 계획의 실행을 위한 자금을 마련하기 위해 노력하고 있었다.

그러던 어느 날, 뜻하지 않은 사건이 일어나게 되었다. 안중근 의사의 사촌 동생 안명근이 무관 학교 설립을 위한 독립운동 자금을 모으다가 평양에서 체포되어 서울로 잡혀 오게 된 것이다. 그런데 일본은 이를 사실대로 발표하지 않고 초대 조선 총독인 데라우치를 암살하기 위해 자금을 모은 사건으로 조작하여 발표하였다. 한·일 병합 이후 눈에 거슬리는 독립운동가들을 삽아낼 궁리만을 하고 있던 일본에게 이 사건은 좋은 기회였던 것이다. 그들은 이 사건을 빌미로, 평안도와 황해도 일대의 독립운동가들을 모조리 잡아들였다. 모두가 총독을 죽이고 일본에 대한 반란을 일으킬 계획을 세웠다는 핑계였다.

김구도 이 사건으로 체포된 사람 중 한 명이었다.

신문실에 끌려온 김구에게 일본 순사가 물었다.

"네가 왜 잡혀 왔는지 아느냐?"

"잡아 오니 끌려왔을 뿐 이유는 모르겠소."

김구는 곧바로 손과 발을 묶인 채 천장에 매달렸다. 신문실 천장 가운데에 달린 쇠고리는 사람을 끈으로 묶어 매달기 위한 도구였던 것이다. 손목과 발목에 밧줄이 파고드는 아픔을 느낀 것도 잠깐, 이보다 더 큰 고문의 고통이 시작되자 김구는 정신을 잃었다.

얼마나 누워 있었을까, 차가운 기운이 확 끼쳐 깨어나니 누군가 얼굴에 찬물을 끼얹고 있었다.

"안명근과는 어떤 관계인가?"

"그와 나는 서로 아는 친구일 뿐, 같이 일한 적도 없고 그가 무슨 일을 하였는지는 모르겠소."

"이놈이 아직도 거짓말을!"

김구는 다시 매달렸다. 이번에는 세 명의 순사가 달려들어 몽둥이로 셀 수 없이 때려 댔다. 사방에서 덮쳐 오는 극심한 고통에 김구는 또다시 정신을 잃었다.

순사늘에게 끌려 유치장으로 다시 돌아왔을 때에는 이미 아침이 밝아 있었다. 김구는 꼼짝할 수 없이 감방 바닥에 누운 채로 한없이 눈물을 흘렸다. 그 눈물은 여전히 몸을 죄어 오는 고통 때문이 아니었다. 불을 밝히고 눈이 새빨갛게 되도록 밤새 자기를 고문하던 일본인 순사들의 모습이 떠올랐기 때문이었다.

'저 왜놈들을 보라. 말단 순사들까지도 주어진 임무에 이다지도 충실히 임하는데, 짐승과도 같은 놈들의 손에서 나라를 구하겠다는 내가, 저 왜놈들과 같이 밤을 새워 열심히 일한 적이 몇 번이었던가.'

내 나라를 위한 길을 걸어왔다는 이유로 방금 죽기 직전까지 두들겨 맞고 그 고통에 겨우 숨만 쉬고 있는 와중에도, 또다시 나라를 생각하는 마음에 스스로 부끄러움을 느끼는 김구였다. 그리고 그 부끄러움은 새로운 각오로 이어졌다.

'드센 바람에 억센 풀을 알고, 국가가 혼란할 때 진실한 신하를 안다고 하였다. 내 여기서 결코 꺾이지 않을 것이다.'

사람들을 잡아 가둔 경무총감부 곳곳은 밤낮으로 욕설과 고통에 젖은 신음 소리로 가득하였다. 욕설은 일본 순사들이 빨리 바른 말을 하라고 내지르는 것이고, 신음 소리는 입을 앙다문 애국자들의 입술에서 새어 나오는 것이었다.

　일본인들의 고문은 실로 집요하고 비열하여, 극심한 고통으로 몇 번이나 기절하도록 몸을 지지고 매달아 때려 사람을 두려움에 떨도록 하고, 끝끝내 자신들이 원하는 대답을 하게 만들고야 말았다. 한두 번이면 견뎌 낼지 몰라도, 끊임없이 반복될 것 같은 가혹한 고문 앞에서 자기도 모르게 다른 동료의 이름을 말해 버리고, 없는 사실도 틀림없는 사실로 자백하는 자들이 적지 않았다.

　일본 순사는 김구에게도 어서 잘못을 시인하라고 날마다 윽박질렀다. 그리고 가장 가까운 친구는 누구이며 친하게 지내는 주변 사람은 누구인지 계속해서 물어 댔다. 누구든 김구를 아는 자를 잡아 와 모진 고문으로 김구가 잘못했다는 증언을 하도록 하기 위해서였다.

　김구는 자신의 혀끝에 사람의 생사가 달려 있다는 생각에 이를 악물고 고문의 고통과 싸웠다. 그리고 여러 번 정신을 잃을 정도로 모진 고문을 받은 뒤 유치장으로 끌려오는 도중에도 오히려 다른 방에 갇힌 동료들의 용기를 북돋아 주기 위해 외쳤다.

　"너희들이 나의 생명을 빼앗을 수는 있어도 나의 정신은 빼앗지 못할 것이다!"

　여덟 번째 신문 때에는 순사가 7, 8명이나 와서 거짓 자백을 받아 내기 위해 김구를 몰아붙였다.

　"네놈의 동료들은 대부분 자백하였는데 너는 왜 이리 어리석게 버티는 것이냐! 네가 아무리 입을 다물고 한마디도 얘기하지 않으려 한다 해도 이미 다른 여러 놈들을 통해 네 죄가 다 드러났으니 아무런 소용이 없다. 지금 당장 안명근 사건에 가담했다는 것을 실토하지 않으면 이 자리에서 때려죽이겠다!"

"차라리 내가 내 목숨을 끊는 것을 보거라."

여러 차례의 가혹한 고문에 몸도 마음도 지친 김구는 최후의 힘을 쏟아 외마디 비명과 함께 기둥에 스스로 머리를 들이받고 정신을 잃었다. 일본이 원하는 말을 입으로 뱉어 놓느니 차라리 죽고 말리라는 심정이었던 것이다.

깜짝 놀란 일본 순사들이 달려들어 김구를 깨우기 위해 분주히 움직였다. 다시 얼굴에 찬물을 맞고 비로소 깨어난 김구를 바라보는 순사들은 완전히 질린 표정을 하고 있었다.

"이렇게 독한 놈이……."

그때 순사 중 한 명이 앞으로 나서더니 다른 순사에게 부탁하는 말이 들렸다.

"김구는 조선인 중에서도 특별하여, 많은 사람들의 존경을 받고 있는 사람입니다. 이같이 대우를 하는 것은 옳지 않은 것으로 생각됩니다. 제가 신문을 맡겠으니 권한을 **위임**하여 주십시오."

김구에게는 매우 의외의 일이었다. 이들은 방금 전까지도 그를 때려서 죽이겠다고 윽박지르던 사람들이 아닌가? 대체 어떤 사람인가 보니 아주 점잖고 예의 있는 인상의 남자가 눈에 들어왔다.

"좋다. 어떻게든 반드시 저놈의 입에서 자백을 받을 수 있도록!"

허락을 받은 그 순사는 김구를 자기 방에 데리고 갔다. 그는 먼저 묶여 있던 손발을 풀어 주며 매우 안타까운 표정으로 김구를 위로하였다.

"김구 선생님, 내가 직접 황해도에 가서 당신에 대하여 많은 조사를 해 보았습니다. 그때 학교에서 월급을 받든 못 받든 변함없이 학생들을 가르치는 데 열심인 것을 보고 당신이 오로지 학생들을 위해 온 힘을 다하는 훌륭한 교육자인 것을 알 수 있었지요. 사람들의 말을 들어 보아도 당신이 얼마나 정직한 사람인지 금방 알 수 있을 터인데, 당신의 훌륭함을 모르는 자들에게 그동안 고문을 많이 당한 것을 보니 내 마음이 너무 아픕니다. 이렇게 사람도 몰라보고 이리 무작정 고문을 가했으니 이거야 원……. 제가 선생의 모습을 보아하니 벌써 몸도 많이 상하신 것 같습니다. 일단 부족하나마 이거라도 드시지요."

김구는 눈앞에 벌어지고 있는 일이 믿기지 않았다. 그동안 갖은 고초 속에서 고생한 몸과 마음이 그 따뜻한 마음 씀씀이에 곧 녹아 버리는 것만 같았다.

사실 김구가 그동안 신문을 받으며 가장 힘들었던 일은 바로 배고픔이었다. 일본인들은 김구와 그의 동료들이 신문을 받을 때에는 보통 때보다 밥을 줄여 겨우 생명만 유지하도록 했기 때문이었다. 밖에서 마련하여 들

위임
어떤 일을 책임을 지워 맡기는 것

여보내 주는 사식도 절대 허락하지 않았다.

한겨울에도 겉옷은 벗겨지고 속옷만 남은 채로 천장에 매달려 살이 떨어져 나가는 고통의 매질을 당하면서도 오히려 "속옷을 입어서 아프지 않으니 속옷을 다 벗고 맞겠다."라고 소리치던 김구였다. 하지만 심한 굶주림에 배가 타들이 가는 고통은 하루에도 수십 번씩 김구를 괴롭혔다. 주변에서 간혹 음식 냄새라도 날 때면 정신은 아득해지고 오로지 살기 위한 본능만이 자신을 지배하는 것을 느꼈다. 그 음식 냄새는 마치 김구의 귀에다 이런 말을 속삭이는 것 같았다.

'무슨 말이든 그들이 원하는 말을 해 주고 밥이나 실컷 먹자.'

김구는 그럴 때마다 "나의 생명을 빼앗을지언정 나의 정신은 빼앗지 못할 것이다!"라고 동료들이 다 듣도록 외쳐 대던 자신의 모습을 떠올리며 간신히 참아 왔다. 그런 와중에 이제 자신을 알아봐 주고, 다른 순사로부터 안 보이는 곳으로 데려와 자신의 모습에 진심으로 안타까워하며 먹을 것까지 내주는 일본 순사를 만난 것이다.

"제 말을 잘 들어 보십시오. 당신이 일본 백성이라 인정하기만 하면 나는 그 즉시 총독에게 보고하여 지금과 같은 고통을 면하게 할 뿐 아니라 당신을 위해 더 좋은 일도 할 수 있을 것 같습니다. 지금 일본은 조선을 모두 일본인 관리만으로 통치하려는 것이 아니라 덕이 있고 인망이 높은 조선인을 정치에 참여시키려 하고 있습니다. 선생처럼 존경을 받으며 시대를 잘 이는 지도자가 높은 자리에 앉이 일본을 돕고 또 조선인들을 계속 가르칠 수 있으면 그 얼마나 좋은 일입니까? 여기서 사건에 가담한 사실이나 그 동료들에 대해 잠깐 이야기하고 현실적으로 생각하여 진정 선생을 위한 선택을 하십시오."

김구는 진심으로 자기를 위해 주는 것 같은 그의 말을 듣고, 잠시 멍해 있다가는, 다음 순간 '아차' 하는 마음이 들면서 온몸에 소름이 돋고 식은땀이 흐르는 무서움을 느꼈다.

'아, 이런 것이었구나. 이놈들, 이런 온화한 모습의 회유야말로 가혹한 고문보다 훨씬 무서운 방법이다. 내 그 심한 고문의 고통에는 오히려 반항하는 마음이 일어나 참고 견딜 수 있었지만, 지금 이 따뜻함이 오히려 나의 마음을 약하게 하는 것을 느낀다. 더군다나 앞으로 부귀를 누리며 편히 살 수 있는 길을 눈앞에 펼쳐 주고 있지 않은가? 참으로 비열하고 치밀한 놈들이다. 사람의 마음을 손에 쥐고 쥐락펴락하고 있구나. 아, 여기에 넘어가 친일 반역자가 된 민족의 동지들이 얼마나 많을 것인가?'

김구는 마음을 다잡고 단호하게 말했다.

"당신이 진정으로 나를 덕이 있고 인망 있는 사람이라 인정하고 그토록 아낀다면, 다른 얘기 할 것 없이 내가 그동안 진술했던 것을 그대로 인정해 주시오."

마주한 순사의 얼굴에 깜짝 놀란 기색이 스쳤다. 자기가 이렇게 나서면, 그동안 대부분의 조선인들은 넘어왔던 것이다.

"어째서 그러는 것입니까? 당신만 따라 준다면, 훨씬 좋은 곳에서 많은 사람들에게 존경받으며 부유하게 살도록 해 준다고 틀림없이 약속할 수 있습니다."

"나는 다른 것은 바라는 것이 없소. 당신들이 내게서 듣고자 원하는 말이 있는 줄로 알지만 그것은 사실이 아니오. 사실이 아닌 것을 어찌 사실이라 말하겠소. 더군다나 나는 나 한 사람의 편안함과 세상의 부귀영화를 위해 여기 있는 누구에게라도 피해가 가는 말은 하지 않을 것이오."

이미 몸은 망가질 대로 망가져 살갗이 모두 찢어지고 짓무른 고통을 참는 것은 둘째 치고라도, 며칠째 이어지는 배고픔을 억누르며 당장 눈앞에 있는 먹을 것을 외면하기란 불가능에 가까웠다. 그럼에도 김구가 이렇게 말하자 순사는 일이 틀려 버렸다는 표정을 보이며 김구를 그저 돌려보낼 수밖에 없었다.

김구는 그곳에서 일본 순사들의 갖은 고문과 따뜻한 회유의 그물에 걸려 생각을 바꾸고 일본에게 순종하게 되는 많은 사람들을 보고 스스로의 마음가짐을 다시 한번 돌아보게 되었다. 사실은 그들도 처음에는 나라를 위한다는 생각에 목숨을 걸고 함께 싸워 온 애국자들이었던 것이다. 그것이 김구에게 크나큰 충격을 주었다.

'만약 내게도 그런 일이 생길 것이라면, 내가 무엇인가에 못 이겨 일본의 편에 서는 날이 오게 될 바에는, 차라리 지금 이 깨끗하고 굳센 정신을 가진 채로 죽는 것이 오히려 낫겠다.'

그 결심의 표시로 김구는 호를 '연하(蓮下)'에서 '백범(白凡)'으로 고치고, 이름을 '거북 구(龜)'에서 '아홉 구(九)'로 고쳐 동료들에게 모두 알렸다. '구(龜)'를 '구(九)'로 고친 것은 일본이 관리하는 호적에서 벗어나기 위해서였으며, 호를 '백범(白凡)'으로 고친 것은 **백정**(白丁)과 같이 신분이 천한 사람이나 평범한 **범부**(凡夫)들까지 적어도 김구 자신이 가진 만큼의 애국심을 갖게 하여야만 조국의 완전한 독립을 이룰 수 있다는 바람과 의지를 담은 것이었다.

백정(白丁)
소나 돼지 따위를 잡는 일을 직업으로 하는 사람. 조선 시대에 가장 천한 계급에 속했다.

범부(凡夫)
평범한 사내.

신민회와 105인 사건

1910년 8월, 한·일 병합이 이루어진 뒤에도 평안도와 황해도 일대에는 민족 독립을 위한 운동이 꾸준히 전파되고 있었다. 특히 안창호, 양기탁, 이동녕, 신채호 등이 중심이 되어 만든 비밀 조직인 신민회는 평양 등지에 학교들을 세워 민족의식을 높이는 동시에 나라 밖에 무관 학교를 세우고 군인을 양성하여 독립 전쟁을 준비하고자 하였다.

헌병을 앞세워 총칼로 조선인들을 위협하는 '무단 통치'를 행하던 초대 총독 데라우치는 민족의식이 높았던 황해도와 평안도 지방에 대한 대대적인 탄압을 계획하였다. 이때 안중근의 사촌인 안명근이 무관 학교 설립을 위한 자금을 모으다 체포되자, 일제는 황해도와 평안도 지역에서 활동하던 160여 명의 민족 운동가들을 잡아들이고 안명근이 데라우치 총독을 암살하려 했으며, 이것이 신민회와 관련이 있는 것처럼 사건을 조작했다. 또한 1911년에는 독립군 기지를 만들려 했다는 이유로 양기탁, 임치정, 주진수 등 신민회 간부로 활동하던 사람들을 체포하였으며, 이 사건들을 모두 총독 암살 미수 사건으로 몰아 다른 지역의 민족 운동가들까지 모두 600여 명을 체포하여 가두었다.

이 과정에서 상당수는 증거 불충분으로 풀려나고 123명이 재판에 넘겨져 그중 105명이 유죄 판

안창호

결을 받게 되어, 이를 '105인 사건'이라고 부른다. 이때 김구는 15년 형을 선고받아 서대문 감옥, 인천 감옥에서 생활하다가 감형되어 4년 7개월을 복역하고 출감하게 되었다.

　105인 사건으로 인해 신민회는 사실상 해체되었으며 국내의 독립운동 세력은 크게 약해지게 되었다. 그렇지만 이때 많은 독립운동가들이 해외로 망명하면서 국외에서의 항일 운동이 활발히 전개되는 계기가 되기도 하였다.

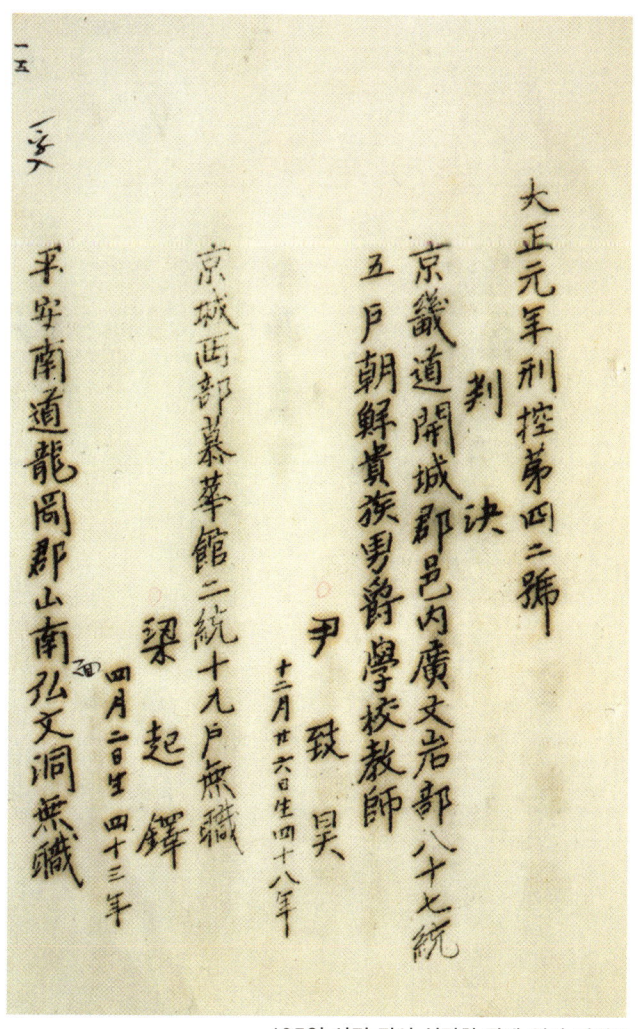

105인 사건 당시 신민회 관계 인사 판결문

8장
후일 지하에서 만납시다

 1915년, 김구는 5년에 가까운 혹독한 감옥 생활을 마치고 마침내 출옥하였다. 교육 활동과 농촌 운동을 하던 김구는 1919년, 3·1운동으로 일어난 온 국민의 만세 소리를 뒤로하고 중국 상하이로 **망명**하여 여러 동지들과 함께 독립운동을 이어 갔다. 풀려난 후에도 일본의 감시가 밤낮없이 김구를 따라다니자, 더 이상 국내에서 독립운동을 이어 가기가 쉽지 않았기 때문이었다.

 상하이에서 동지들과 새로 수립한 대한민국 임시 정부는 프랑스 조계지 안에 있어 일본의 **마수**로부터 다소 안전한 편이었다. 조계지란 중국이 외국에 개방한 일부 항구 지역에 외국인들끼리 자기들 법에 따라 살 수 있도록 지정된 곳으로, 프랑스 조계지 안에서는 중국마저도 마음대로 할 수 없었다. 그러니 일본은 더더욱 그들 뜻대로 사람을 잡아가거나 자기네들 법에 따라 행동할 수가 없는 곳이었다. 한마디로 그 지역은 중국이라기보다 프랑스였던 것이다.

게다가 프랑스 조계에서는 조선 사람들의 독립운동에 특별히 호의를 보여, 일본 영사가 독립운동가들을 체포하게 해 달라고 요청할 때에는 미리 임시 정부에 소식을 알려 주어 일본 경찰들을 따돌릴 수 있도록 해 주었다. 덕분에 김구 역시 자신을 잡으려 혈안이 된 일본에 잡히지 않고 싸움을 계속 이어 갈 수 있었다.

김구는 임시 정부가 수립된 때로부터 경무국장을 시작으로 내무총장, 국무령, 국무 위원 등을 지내며 임시 정부를 위해 일하고 있었다. 어떠한 곤란한 상황에 처하더라도 우리의 정부, 대한민국 임시 정부를 지키기 위해 애쓰고 있었다.

하지만 그러한 김구의 노력에도 불구하고, 대한민국 임시 정부는 시간이 흐를수록 어려움에 빠져들고 있던 중이었다. 세계의 정세가 복잡해지면서 임시 정부 내부에서도 공산주의와 민주주의 등의 사상적 갈등과 의견 대

망명
정치적인 이유로 박해를 받는 것을 피하여 외국으로 몸을 옮기는 일.

마수
사람을 현혹하거나 파멸시키는 음흉한 손길.

립이 생겨 의견을 하나로 모으지 못하고 흔들려 왔던 것이다. 게다가 일본의 억압과 견제가 심해지면서 국내에서 보내오던 독립 자금조차 더 이상 기대할 수 없는 지경에 이르렀다. 경제적인 어려움이 계속 커져 감에 따라 사람들도 하나둘 임시 정부를 떠나게 되었다.

김구는 미국, 하와이, 멕시코, 쿠바 일대에 살고 있는 우리 동포들에게 독립 자금을 부탁하는 편지를 보내기로 했다. 여러 차례에 걸친 간절하고 진정성 있는 그의 편지에 마침내 하와이에서 돈을 모아 보내겠다는 대답이 왔다.

'동포들이 보내 주는 돈은 모두 자기 살을 깎아 힘들게 노동하여 번 피 같은 돈들이다. 내 이것을 허투루 사용하지 않고 반드시 우리 민족의 울분을 풀고, 세계에 우리의 뜻을 알리기 위해 사용할 것이다.'

궁리 끝에 김구는 한인 애국단을 조직하여 그들이 보내 준 돈으로 우리 민족을 위한 '큰일'을 계획하였다. 한인 애국단, 그 조직의 목적은 바로 일본의 주요 인물들을 암살하는 것이었다. 비밀 유지를 위해, 김구는 그와 관련된 모든 권한을 임시 정부로부터 위임받고 사건의 결과만 보고하라는 특권을 얻었다.

문제는 일을 행할 사람이었다. 일본 중요 인물의 암살은 목숨을 걸어야만 하는 일로, 일의 성공 여부를 떠나 일단 큰 뜻을 품고 목숨을 내던질 수 있는 굳은 결심을 가진 사람, 또한 비밀을 유지하여 조용하게 일을 추진할 수 있는 사람이 필요했다. 즉 믿을 수 있는 사람이 필요한 것이었다. 만약 일의 계획이 사전에 발각되기라도 하면, 관계된 모든 사람들이 감당해야 할 위험이 너무나 컸다.

고민스러운 나날이 이어지던 어느 날, 어떤 동포 한 명이 찾아와 김구와 이야기를 나누고 싶어 했다. 그는 사용하는 말의 절반이 일본어였고, 동작이나 생김새 또한 꼭 일본인 같았다.

"저는 서울 용산 출신 이봉창이라 합니다. 일본에서 일을 하다가 독립운동에 참여하고 싶어 이렇게 상하이로 왔습니다."

김구는 임시 정부 초기 시절 경무국장을 지냈던 그 안목을 여전히 가지고 있었다. 경무국장이란 주로 일본의 정탐 활동을 막고, 애국자를 가장해 임시 정부에 침투하여 정보를 빼내는 사람들을 찾아내 처단하는 임무를 행하는 자리였다. 실제로 일본의 돈을 받고 조국을 배신한 자가 임시 정부 사람들의 목숨을 위협한 사건이 여러 번 있었으나 번번이 이를 막아 온 김구였다. 그러니 사람을 함부로 믿을 수는 없었다.

"아, 어서 오시오. 임시 정부를 찾아온 것이면 잘 찾아오신 것이오. 그러나 지금은 독립운동을 위한 자금이 없어 동지들을 먹이고 입힐 힘이 없으니 이를 어쩌면 좋겠소?"

"그런 것은 걱정 안 하셔도 됩니다. 저는 기술이 있어 여기 철공소에서 쉽게 직업을 얻을 수 있습니다. 그런데 일을 하면서는 독립운동을 하지 못하는 겁니까?"

"오늘은 늦었으니, 다음에 다시 얘기하는 게 좋을 것 같소. 가까운 여관을 알아보고 일단 당분간 그곳에서 지내시는 게 어떻겠소?"

앞으로 특별히 지켜볼 생각으로 김구가 말했다.

얼마 뒤 이봉창은 몇 명의 **거류민단** 직원들과 함께 술을 마시고 있었다. 김구가 밖에서 조용히 그들의 대화를 들어 보니 이봉창의 말에 공감이 가는 부분이 있었다.

"당신들은 독립운동을 한다고 하면서 왜 일본의 왕은 죽이지 못하는 겁니까?"

"일본의 하급 관리들이라 해도 죽이기가 쉽지 않은데, 일왕을 죽이기가 어디 쉽겠소?"

"내가 일본에 있을 때 마침 천황이 지나간다며 행인들은 모두 엎드리라고 해서 가만히 엎드린 채 생각해 보니, 나에게 지금 폭탄이 있다면 쉽게 저자를 죽일 수 있을 텐데…… 하고 생각한 적이 있습니다."

그날 밤, 김구는 이봉창이 묵고 있는 여관을 찾아갔다. 둘은 한참 동안 깊은 얘기를 나누었다. 김구가 먼저 마음을 열고 그의 뜻을 물어보니, 마주 앉은 이봉창은 목숨을 바칠 큰 각오를 가지고 일본에서 상하이로 건너온 것이었다.

"제 나이가 이제 31세입니다. 앞으로 31년을 더 산다고 하더라도 지금껏 살아온 것보다 더 재미있게 살 수는 없을 것입니다. 인생의 목적이 쾌락을 즐기는 것이라면, 이제껏 인생의 쾌락은 맛볼 만큼 맛보았다고 생각합니다. 저는 이제 영원한 쾌락을 위해 독립운동에 헌신하고자 이곳에 온 것입니다."

"일을 하고 나면 분명 목숨을 보전하기 어려울 것이오. 하나뿐인 목숨인데, 아깝지 않겠소?"

그의 각오를 확인하기 위해 묻는 김구의 말에 이봉창은 확신에 찬 목소리로 쾌활하게 대답하였다.

"죽기를 각오하지 않았으면 여기 상하이까지 힘들게 오지도 않았을 것입니다. 내 나라를 위해 무언가 뜻있는 일을 하고 죽는 것이 바로 영원한 쾌락을 위한 일이라 믿습니다. 선생께서 제게 꼭 중요한 일을 맡겨 주시기 바랍니다."

그 대화 이후, 이봉창은 곧 일본인이 운영하는 철공소에 취직하여, 아예 더더욱 일본인 행세를 하고 다니며 다른 사람들의 의심을 피하였다. 두 사람은 한 달에 한 번씩, 그것도 밤중에만 다른 사람들의 눈을 피해 조용히 만났다.

그렇게 김구와 이봉창이 서로의 마음을 확인한 지 1년이 지난 어느 날, 모든 준비를 마친 김구는 마침내 이봉창과 마지막 만남을 가졌다. 그동안 하와이로부터 자금을 받고, 이봉창에게 건네주기 위한 수류탄 두 개를 준비했다.

"선생님께서 다 해어진 옷을 입고 음식을 얻어먹으며 다니시는 것을 알고 있습니다. 그런데 얼마 전 그 품에서 큰돈을 꺼내어 저에게 건네주시는 것을 받아 돌아갈 때에 저도 모르게 눈물이 다 났습니다. 제 평생 저를 이렇

거류민단
남의 나라 영토에 머물러 사는 같은 민족끼리 조직한 자치 단체.

게 믿어 주시는 사람을 만나게 된 것은 김구 선생께서 처음이자, 이제 마지막이겠지요."

김구와 이봉창은 안중근의 동생 안공근의 집으로 가 한인 애국단 입단 선서식을 가졌다.

> 나는 정성을 다해 조국의 독립과 자유를 회복하기 위하여 한인 애국단의 일원이 되어 적국의 **수괴**를 **도륙**하기로 맹세하나이다.
>
> 대한민국 13년(1931년) 12월 13일 한인 애국단 앞
> 선서인 이봉창

입단식을 마치고 사진관으로 가서 기념 촬영을 했다. 이봉창은 평소와 같이 쾌활한 모습이었으나, 김구는 반대로 침통한 표정이었다.

'이제 모든 준비는 끝났다. 남은 건 이 청년이 일본으로 건너가 일왕에게 폭탄을 던지는 것뿐이다. 아, 비록 나라를 위하는 일이라지만 내가 조국의 젊은이를 반드시 죽는 길로 인도하는구나! 저 젊은이의 죽음이 헛되지 않기를 바랄 뿐이다.'

이봉창은 김구의 우울한 모습을 보고는 오히려 위로하며 이렇게 얘기하였다.

"선생님, 제가 이제 떠나는 길은 영원한 영광으로 이어지는 길입니다.

조국을 위한 마음으로 가는데 왜 그런 얼굴로 계십니까? 우리 기쁜 얼굴로 사진을 찍읍시다."

자신의 목숨이 얼마 남지 않았다는 사실을 이봉창은 너무나 잘 알고 있었다.

1932년 1월 8일, 마침내 도쿄에서 폭탄 소리가 울려 퍼졌다. 그날 일왕 히로히토는 **관병식**을 마치고 돌아가던 길이었다. 이봉창이 던진 폭탄은 비록 일왕을 정확하게 맞히지는 못하였으나, 세계를 놀라게 하였다. 그것은 아직 우리나라의 정신이 죽지 않았다는 것을, 그리고 우리 민족은 지속적으로 저항할 의지를 갖고 있다는 것을 세계에 보여 주었던 것이다.

이 사건이 알려지자 하와이를 비롯한 해외 동포들의 큰 응원이 이어졌고, 임시 정부를 위한 금전적인 지원도 부쩍 늘게 되었다. 한 청년의 의로운 죽음과 용감한 행동이 그동안 어려움에 처했던 임시 정부에 새로운 힘을 주게 되었던 것이다.

수괴
못된 짓을 하는 무리의 우두머리.

도륙
사람이나 짐승을 참혹하게 죽임.

관병식
지휘관이 군대를 둘러보고 점검하는 의식.

독립운동에 새로운 불꽃이 피어오르는 것을 느낀 여러 청년들이 임시 정부로 속속 찾아오기도 했다. 그중 하나가 윤봉길이었다. 그는 상하이 홍커우 시장에서 채소 장사를 하던 청년이었다.

"제가 채소 바구니를 등에 메고 날마다 일본인들이 많은 지역을 일부러 다니는 것은 나라를 위한 큰 뜻을 품고 이곳에 온 목적을 이루기 위해서입니다. 혹시 지난 도쿄 사건과 같은 큰일을 또 계획하고 계시지는 않으십니까? 이봉창 동지와 같이 영광스러운 일에 저의 목숨을 바치고 싶습니다. 저를 믿어 주시고 지도해 주시면 그 은혜는 죽어도 잊지 않겠습니다."

김구는 그의 진실한 모습을 보고 며칠 전 보았던 신문의 문구를 떠올렸다. 상하이에 있는 일본 영사관에서 낸 홍보 글이었다.

'4월 29일 홍커우 공원에서 천황의 생신 축하식이 있을 예정이다. 그날 식장에 참석하는 자는 물병 하나와 도시락, 그리고 일본 국기 하나씩을 가지고 입장하라.'

"이번에 내가 계획하는 일이 있소. 마땅한 사람을 구하지 못해 고민하던 중이었는데, 윤 군의 충심을 보니 반드시 해낼 것이라는 생각이 드는구려. 보아하니 일본은 곧 홍커우 공원에서 일왕의 생일을 맞아 성대한 의식을 거행할 모양인데, 그날 일을 거행하는 것이 어떻겠소?"

김구의 말에 윤봉길은 매우 반가워했다.

"선생님, 감사합니다. 이제 조국을 위해 이 목숨을 바칠 수 있다 생각하니 저의 마음이 잔잔한 호수와 같이 편안해집니다. 준비해 주시면 실수 없도록 하겠습니다."

김구는 곧 동지들의 도움을 받아 일본인들이 사용하는 물통, 도시락과 똑같은 모습을 한 폭탄을 준비했다. 한편으로 윤봉길은 매일같이 훙커우 공원으로 가 축하식을 준비하는 모습을 보며 거사를 행할 위치를 점검하였다. 행사에 참석할 일본 장교들의 사진을 구해 몇 번이나 얼굴을 익히고, 일장기도 구해 두었다. 말쑥한 양복을 새로 맞춰 입은 그의 모습은 영락없는 일본 사람이었다.

마침내 1932년 4월 29일의 아침이 밝았다. 전날 밤을 윤봉길과 함께 보낸 김구는 아침 밥상을 받은 윤봉길의 모습을 바라보며, 예전 자신이 치하포에서 일본군 장교 쓰치다를 맞닥뜨린 그때를 생각하고 있었다.

'돌이켜 생각해 보면 그때의 나는 몹시 두려운 생각이 들어 마음을 다잡고 행동하기가 쉽지 않았었다. 스승님의 말씀을 떠올린 후에야 비로소 행동할 수 있었지. 독립을 이루지 못하고도 나는 이리 못나게 여태껏 살아 있지만, 이제 저 왜놈들에 둘러싸인 그곳에서 윤 군은 절대로 무사히 돌아오지 못할 것인데……. 처자식을 두고 목숨을 내던지러 가기 직전, 윤 군의 심정이 지금 어떨 것인가?'

하지만 윤봉길은 태연한 모습이었다. 마치 매일 하던 일을 하러 나가기 전에 밥을 든든히 먹어 두는 것 같은 의연한 그의 모습에, 김구는 가슴이 먹먹해져 오는 것을 느꼈다.

'그대의 희생에 온 국민이 뜨거운 감동을 느낄 것이오.'

7시를 알리는 종소리가 들렸다. 이제 윤봉길은 훙커우 공원으로 떠나야 했다.

"제 시계는 선서식 후에 6원을 주고 산 것입니다. 이제 보니 선생님 시계는 2원짜리입니다. 이제 저는 1시간밖에는 더 필요가 없을 것이니 제 시계와 바꾸시지요."

김구는 윤봉길의 말이 꼭 '저는 이제 가면 반드시 일을 성공시켜 살아 돌아오지 않겠습니다. 제 결연힌 마음을 받아 주시지요.'라고 하는 것만 같아 도저히 거절할 수 없었다. 그저 목 메인 소리로 마지막 한마디를 할 수 있을 뿐이었다.

"후일 지하에서 만납시다."

"콰쾅!"
"으아악! 으악!"
"폭탄이다!"

거사는 성공이었다. 윤봉길의 폭탄은 기념식 단상 위에 정확하게 명중하였고, 그곳에 있던 상하이 파견군 사령관 시라카와 대장, 함대 사령관 노무라 중장, 사단장 우에다 중장, 시게미쓰 공사 등 상하이에 있던 일본의 주요 인사들이 그 폭발에 휩쓸려 죽거나 다쳤다. 현장에서 체포된 윤봉길은 일본 헌병들에게 끌려가면서도 계속해서 목이 터지도록 "대한 독립 만세!"를 외쳤다.

다음 날, 윤봉길이라는 이름이 크게 실린 신문이 뿌려졌고, 사건은 곧 전 세계의 이목을 집중시켰다. 중국의 지도자 장제스는 "중국의 백민 대군도 해내지 못한 위대한 일을 조선 청년 한 사람이 해냈다."라고 감격하며, 앞으로 대한민국 임시 정부를 돕겠다는 약속까지 하였다. 소식을 들은 우리 해외 동포들의 환호와 성원이 뜨거웠던 것은 물론이었다. 모두 나라를 위해 하나뿐인 목숨을 희생한 청년들이 있었기에 가능한 일이었다.

그러나 이 사건으로 인해 김구를 비롯한 우리 동포들은 더 이상 상하이에서 독립운동을 이어 가기가 힘들어졌다. 프랑스 조계지에서 일본군의 대대적인 수색이 벌어졌던 것이다. 워낙 큰 사건이라 더 이상 프랑스로서도 임시 정부 측을 돕기 힘든 상황이었다. 게다가 도쿄 사건과 훙커우 사건을 계획한 자가 김구라는 사실이 알려지고부터는 많은 사람들이 김구를 잡기 위해 눈을 번득이며 다니는 상황이었다. 그 사실을 알린 것은 다름 아닌 김구 자신이었다. 죄 없는 동포들이 그 사건으로 인해 잡혀가는 것을 계속 보고 있기 힘들었기 때문이었다.

김구의 목에는 60만 원이라는 거금이 현상금으로 걸리게 되었다. 당시 일반 노동자들의 월급이 약 30원 정도였는데, 일본이 건 현상금이 60만 원이었으니, 그것만 봐도 도쿄와 훙커우의 사건이 일본에게 얼마나 충격적이었는지 짐작할 수 있다.

대한민국 임시 정부와 한인 애국단

　대한민국 임시 정부는 1919년 3·1 운동을 계기로 독립운동이 국내외로 더욱 활발하게 이어지면서, 이를 더욱 조직적으로 추진하고 우리 민족이 주권을 가진 국민이라는 것을 세계에 밝히기 위해 조직되었다. 임시 정부의 본부는 중국 상하이에 두었는데, 일제의 영향을 거의 받지 않고 여러 나라와 교류할 수 있는 장소였기 때문이다. 활동 초기 임시 정부는 국내와 상하이를 연결하는 교통국을 설치하고, 비밀 연락 조직인 연통제를 만들어 정보를 교환하고 임시 정부의 지시 사항을 각 지역에 전달하는 한편, 독립운동 자금 마련에 힘썼다. 또한 외교 활동을 통해 미국과 유럽 여러 나라에 우리나라의 독립 의지를 밝혔으며, 만주 지역 독립군 단체를 지원하기도 했다.

　그러나 독립운동가들 사이에 사상 차이로 독립운동 방법을 둘러싼 갈등이 생겼고, 일제의 방해로 국내와의 연락이 어려워지는 등 임시 정부에 위기가 닥쳤다. 그러자 김구는 해외 동포들에게 편지로 도움의 손길을 구하는 한편, 한인 애국단을 조직하여 1932년 이봉창, 윤봉길 의사의 의거를 지휘하였다. 이를 통해 임시 정부는 다시 활기를 띠게 되었고, 이후 상하이, 항저우, 전장, 창사, 광둥, 류저우, 치장, 충칭 등으로 이동하면서 독립운동을 이어 나갔다. 또한 만주 지역 독립군들을 중심으로 한국광복군

상하이 대한민국 임시 정부

을 창설하여 독립 전쟁을 준비하는 등 1945년 광복이 될 때까지 우리나라의 독립과 자유를 위해 투쟁하였다.

한인 애국단

1931년 대한민국 임시 정부의 국무령 김구가 일제의 주요 인물 암살과 시설 파괴를 목적으로 조직하였으며 단장인 김구를 비롯해 이유필, 이수봉, 김석, 안공근 등이 간부로, 이봉창, 윤봉길, 이덕주, 유진만, 최흥식, 유상근 등이 단원으로 활동하였다. 한 사람을 죽여 만 사람을 살리는 것을 취지로, 1932년 1월 이봉창의 일왕 암살 시도와 4월 윤봉길의 훙커우 공원 의거를 통해 대한민국의 독립운동을 세계에 알렸으며 항일 민족 운동에 새로운 활력을 불어넣게 된다. 이 밖에 1932년 4월 이덕주, 유진만의 조선 총독 암살 시도, 최흥식, 유상근의 국제 연맹 조사단원을 마중 나온 일본 고관 암살 시도 등이 한인 애국단의 계획으로 실행되었다.

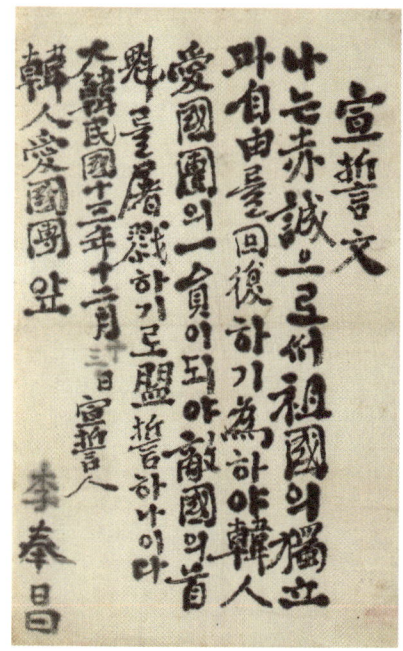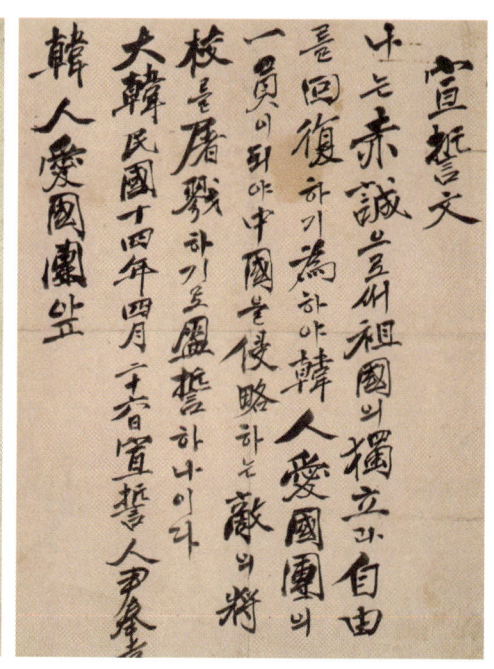

이봉창, 윤봉길 의사의 한인 애국단 입단 선서문

9장
38선을 베고 쓰러질지언정

　상하이를 떠날 수밖에 없었던 김구는 중국인으로 행세하며 중국 곳곳을 떠돌아다녔다. 그와 함께 임시 정부 역시 상하이를 떠나 안전한 곳으로 옮겨 다녀야 했다. 어려운 사정이 이어졌지만, 오로지 독립의 순간을 위해 김구는 더욱더 힘을 내어 임시 정부를 이끌어 나갔다. 한편으로 독립운동가들을 단합시키고, 한편으로는 중국과의 외교를 통해 힘을 기르고자 한 것이다. 이때 김구가 가장 중요하게 생각한 것은 일본에 맞설 수 있는 우리의 군대를 만드는 것이었다. 앞으로 독립을 맞이하게 되더라도 그것은 우리의 힘으로 쟁취한 독립이어야만 한다고 생각했기 때문이다. 김구는 중국 국민당 주석인 장세스를 만나 도움을 요청했다. 그리고 마침내 한국 독립군 훈련반을 만들고 젊은 인재들을 키워 '한국광복군'을 창설하였다.

당시 세계는 2차 세계 대전으로 인해 매우 어지러운 상황이었다. 전 세계가 참혹한 전쟁의 소용돌이에 휘말린 것이다. 1941년 일본은 미국 하와이의 진주만을 공격하고 기세등등해졌고, 이에 맞서 한국광복군은 영국군, 중국군 등과 연합하여 아시아 곳곳에서 일본군과 싸웠다. 광복군은 비록 남의 나라에서 만들어진 군대라 처음에는 그 권한이 몹시 작았지만, 꾸준한 노력과 일본군에 끌려갔던 조선 학도병들의 합류로 마침내 연합군의 주목을 받아 미군과 함께 공동 작전을 펴는 합의를 이끌어 낼 수 있었다. 그리고 미군 전략 첩보국 OSS와 함께 비밀 작전을 추진하기로 하였다. 그 작전은 바로 광복군이 우리나라의 곳곳으로 직접 침투하여 일본을 몰아내고 나라를 되찾는 것이었다. 김구와 임시 정부는 온 힘을 기울여 국내 진입 작전을 준비했다. 힘든 훈련을 무사히 마친 광복군 청년들 역시 조국으로 가서 싸울 날만을 손꼽아 기다렸다. 그러나 이 작전은 실현되지 못했다.

"일본이 항복한답니다!"

"아, 일본이!"

일본이 예상보다 빨리 항복한 것이다.

김구는 만감이 교차하는 것을 느꼈다. 36년, 일제의 탄압 아래 흘러간 시간이었다. 치하포 사건 이후 조국의 해방을 위해 갖은 고초를 겪으며 싸워 온 나날들이었다. 세 번 감옥에 갇혀 고문을 견디며 신문을 받던 일, 일제의 감시를 피해 그늘에서 그늘로 옮겨 다닐 수밖에 없었던 임시 정부 시절, 독립 그 하나를 위해 내던져진 젊은 목숨들……. 많은 일들이, 많은 얼굴들이 스쳐 지나갔다. 어머니, 아버지, 동지들, 동포들…….

얼마나 기다려 왔던 해방의 순간이었는지! 그러나 김구는 기쁘고 놀라운 가운데 마음 한쪽이 무너져 내리는 것 같은 아쉬움도 느꼈다. 생각보다 이른 일본의 항복으로 인해 그동안 몇 년에 걸쳐 준비해 온 한국광복군은 조국을 되찾는 전쟁에서 활약할 기회를 잃어버린 것이다. 비록 작은 힘이니마 우리 군이 앞장서 얻어 낸 해방과, 온진히 님의 힘으로 이루어진 해방의 차이는 앞으로 하늘과 땅 만큼이나 큰 권리의 차이를 가져올 것이었다. 한국광복군의 의미는 바로 그것에 있었다. 때문에 김구는 어려운 상황에서도 훈련에 힘써 연합국의 인정을 얻어 내고, 이제 비로소 미국과의 합동 작전으로 광복군이 우리나라로 침투할 날을 눈앞에 두고 있었던 것이다.

'우리 광복군이 수년 동안 애를 써서 일본과 맞설 준비를 해 왔는데 모두 물거품이 되었구나! 이제 다른 나라의 힘으로 나라를 되찾게 되었으니, 앞으로 그들이 어떻게 나올는지…….'

1945년 11월 23일, 드디어 김구는 조국 땅을 다시 밟았다. 무려 27년 만에 맞는 감격의 순간이었다.

'3시간. 상하이에서 고국 땅까지 비행기로 불과 3시간……. 아아, 이 3시간을 다시 건너오기까지 27년의 세월이 흘러 버렸구나.'

김구의 가슴에는 기쁨과 슬픔이 함께 요동치고 있었다.

해방을 맞이한 이후 국내의 정세는 김구의 염려대로였다. 한반도는 둘로 나뉘어 38선을 경계로 북쪽은 **소련**군이, 남쪽은 미군이 들어앉아 **군정**을 펼치고 있었다. 게다가 국민들 역시 민주주의 세력과 공산주의 세력으로 갈려 서로 자기 사상이 옳다며 목소리 높여 다투고 있었다.

'이제 저 숙적 일본은 물러갔지만, 우리의 독립이 이대로 완수되었다고는 볼 수 없다. 우리 스스로 우리의 정부를 세울 때까지 독립을 향한 운동은 계속되어야 한다. 이렇게 갈라져 서로의 목소리만 높일 때가 아니다. 지금은 완전한 자주 독립을 위해 뭉쳐야 한다. 내 고향으로 가는 길을 가로막고 있는 저 38선을 없애야 한다.'

하지만 김구의 처절한 노력에도 불구하고, 우리나라를 둘러싼 미국, 영국, 소련, 세 강대국들은 모스크바에 모여 '한국은 아직 독립할 능력이 없으니 자립할 수 있을 때까지 미국, 영국, 소련, 중국이 5년 동안 대신 통치하도록 한다.'는 신탁 통치안을 발표했다.

김구는 즉시 신탁 통치 반대를 외치며 거리로 달려 나갔다.

"신탁 통치라니! 안 된다! 수십 년 동안 온갖 어려움에도 포기하지 않고 독립운동을 이어 온 것은 다른 나라의 지배를 다시 받기 위한 것이 아니다! 우리는 우리 스스로 독립을 이룰 힘이 있다!"

"신탁 통치 반대! 신탁 통치 반대!"

소련
소비에트 사회주의 공화국 연방의 준말. 1917년 러시아를 비롯한 15개 공화국으로 구성되었다가 1991년 해체되었다.

군정
전쟁 중 또는 전쟁 후에 군대가 점령지를 다스리는 일. 우리나라는 광복 후 약 3년 동안 남쪽은 미군, 북쪽은 소련군의 통치 아래 있었다.

신탁 통치 반대 운동은 곧 전국적으로 퍼져 나갔다.

그러나 서로 뜻이 다른 정치 세력들은 하나로 뭉쳐지지 않았다. 소련을 따르는 공산주의 세력들이 신탁 통치를 찬성하고 나선 것이다. 이윽고 나라는 신탁 통치를 반대하며 소련을 미워하는 세력과, 신탁 통치를 찬성하며 미국을 미워하는 세력으로 나뉘어 날마다 충돌이 일어나고 있었다.

미국과 소련, 그들에게 중요한 것은 우리 민족의 앞날이 아니었다. 두 나라는 서로 상대방을 막아 내어 한반도를 자기들의 색깔로 물들이기 위한 목적을 가지고 있었다. 그들은 한반도를 무대로 삼아 자기들끼리의 싸움을 이어 가고 있었던 것이다. 그리고 그런 한반도의 정세를 틈타 권력을 잡기 위해 당장 반쪽짜리 정부라도 서서 세우려고 하는 우리나라 사람들이 있었다. 미국과 소련을 등에 업은 이들은 서로를 헐뜯고 비방하며 자기들의 잇속만 채우려 하고, 그럴수록 나라 안은 점점 어지러워져만 가고 있었다. 결국 그들은 각각 이승만과 김일성을 앞세워 남쪽은 남쪽대로, 북쪽은 북쪽대로 서로 다른 정부를 세우려 했다.

"아아, 안 된다. 안 된다. 왜 이리 모르는 것인가. 이대로 갈라지면, 우리는 이대로 영원히 두 동강 난 채로 서로를 미워하며 살아가고 말 것을……."

김구는 국민들에게 자기의 뜻을 호소하기 위해 **성명**을 발표하였다. 어느 한 사람, 어느 한 집단을 위한 것이 아닌, 조국과 민족 모두를 위하는 마음만으로 한 글자, 한 글자 적어 나갔다. 각자가 옳다고 굳게 믿는 사상보다, 개인이니 집단의 이익보다, 우리나라 사람들이 먼저 생각해야 할 것이 무엇인지 알리고 싶었다.

〈삼천만 동포들에게 울면서 고함〉

우리를 싸고 움직이는 국내외 정세는 위기에 임하였다. 우리가 기다리던 해방은 우리 국토를 둘로 나누었으며, 앞으로는 그것이 영원히 두 나라로 되어 버릴 위험성을 안고 있다.

먼저 한국이 있어야 한국 사람이 있고 한국 사람이 있어야 민주주의도, 공산주의도 있는 것이다. 우리가 우리의 힘으로 독립을 이루어 통일된 정부를 세우려는 지금, 어떻게 개인이나 집단의 사사로운 욕심을 탐하여 국가와 민족의 앞날을 그르칠 자가 있을 것인가?

마음속의 38선을 무너뜨려야 땅 위의 38선도 없앨 수 있다. 삼천만 자매, 형제들이여, 조국이 나의 목숨을 바란다면, 나는 당장이라도 이 목숨을 통일된 이 나라를 위해 바치겠다. 나는 통일된 우리 조국을 건설하려다가 38선을 베고 쓰러질지언정 나 하나의 편안함을 위하여 갈라진 정부를 세우는 데에는 협력하지 아니하겠다. 삼천만 동포 자매, 형제들이여! 건전한 조국을 위하여 한 번 더 깊이 생각하라.

성명
어떤 일에 대한 자신의 의견이나 생각을 공개적으로 발표하는 행동 또는 그 의견.

이 글에서 자신의 편안함이나 명성을 드높이고자 하는 욕심은 찾아볼 수 없다. 또한 마치 한 발 앞서 미래를 다녀온 듯한, 날카롭고 정확한 판단이 실려 있다. 김구의 눈앞에는 둘로 갈라져 서로에게 총부리를 겨누고 있는 민족의 모습이 이미 보이는 듯했다. 그리고 그것을 내다본 만큼, 더더욱 안타까운 마음을 가눌 수 없었다. 이렇게 둘로 갈라지면, 앞으로 얼마나 많은 세월을 갈라져 살아야 할 것인가? 따라서 통일 조국의 건설은 포기할 수 없는 일이었다. 그러나 한편, 그와는 다른 뜻을 품은 일부 사람들의 눈에 김구는 점점 커져 가는 눈엣가시, 걸림돌이 되어 가고 있었다.

6월의 풀 향기가 **경교장**을 은은하게 감싸는 어느 한가로운 일요일이었다. 김구는 2층 집무실에서 오랜만에 먹을 갈고 붓을 잡아 글씨를 쓰고 있었다. 그것은 김구가 고민이 있거나 마음이 어지러울 때, 자신을 돌아보고 마음을 다스리기 위해 해 오던 일이었다. 오로지 우리의 힘으로 일구어 낸 통일된 하나의 조국, 그것을 위해 애쓰던 지난 기억들과 함께 안타까움이 그의 마음을 어지럽히고 있었다.

"안 됩니다, 선생님. 공산주의자들과 협상을 하신다니요?"

"다시 돌아오지 못하시면 어떡합니까?"

"선생님, 위험할 수도 있습니다."

남북의 통일을 위해 북한을 찾기로 한 김구를 말리는 목소리들이었다.

하지만 김구는 뜻을 굽히지 않았다. 남북한 중 어느 한쪽이 먼저 단독으로 정부를 세운다면 이 나라는 영영 갈라질 판이었다. 그것만은 막아야 했다. 그래서 오해와 어려움을 무릅쓰고서라도 38선을 넘기로 결심했던 것이다.

"통일을 위해서라면 공산주의자든 누구든 가서 만나겠다. 이 길이 마지막이 될지 어떨지 몰라도 나는 이북의 동포들을 뜨겁게 만나 보아야겠다."

하지만, 38선을 넘어 만난 김일성과 북한의 지도자들은 김구의 간절한 설득에도 불구하고 통일된 정부를 만드는 것에 찬성하지 않았다. 김구는 다시 38선을 넘어 돌아오던 그때를 비통한 마음으로 떠올렸다. 결국 1948년 8월 15일, 남한에서 먼저 이승만을 대통령으로 하는 대한민국 정부가 세워졌고, 곧이어 기다렸다는 듯 북한에서도 조선 민주주의 인민 공화국 정부가 탄생했다. 한반도에 두 개의 나라가 들어서고 만 것이다.

경교장
서울특별시 종로구에 위치한 건물로, 김구가 국내로 돌아온 후 암살되기 전까지 집무실과 숙소로 사용한 곳.

회상에서 깨어난 김구의 집무실은 조용하고 평화로웠다. 바람결에 실린 은은한 먹 냄새가 김구의 마음을 잠시나마 편안하게 했다.

그때, 누군가 2층으로 올라오는 발소리가 들려왔다. 김구가 고개를 들어 집무실 입구 쪽을 바라보니, 몇 번 본 적이 있는 얼굴이 나타났다. 그는 육군 소위 안두희였다. 그의 손에는 권총이 들려 있었다. 그리고 그 총구는 김구를 향해 있었다.

"탕! 탕! 탕! 탕!"

네 발의 총성. 그것을 누구를 위해, 무엇 때문에 울리게 되었을까?

조국과 민족의 독립을 위해, 통일을 위해 한평생을 바쳐 온 김구는 그렇게 같은 민족이 쏜 흉악한 탄알에 의해 생을 마감하게 되었다.

구멍 난 유리창으로 6월의 바람이 책상 위를 흔들어 대고 있었다. 책상 위, 김구의 피가 묻은 두 장의 종이에는 **신기독**(愼其獨), **사무사**(思無邪)라는 글자가 쓰여 있었다.

신기독(愼其獨)
삼갈 신, 그 기, 홀로 독. 홀로 있을 때 더 삼가고 조심하다.

사무사(思無邪)
생각할 사, 없을 무, 사악할 사. 생각에 간사스럽거나 못된 마음이 없다.

김구의 죽음을 둘러싼 수수께끼

김구는 남한과 북한에 각각 다른 정부가 들어서고 난 후에도 계속해서 통일과 친일파 청산의 필요성을 주장하고 있었다. 그러나 1949년 6월 26일, 경교장 2층 본인의 집무실에서 당시 육군 소위였던 안두희가 쏜 네 발의 총탄을 맞고 세상을 떠나게 되었다. 당시 김구의 나이는 일흔넷이었다.

1948년 평양에서 열린 남북 연석 회의에서 축사를 하는 김구

김구는 1949년 7월 5일 온 국민의 애도 속에 효창 공원에 묻혔다. 암살자 안두희는 곧바로 연행되어 종신형을 선고받았지만 불과 석 달 후 15년 형으로 감형되고, 6·25 전쟁이 일어난 후에는 다시 포병 장교로 복귀하여 전쟁 이후에는 모든 죄를 면제받게 되었다.

김구 암살 사건은 당시의 정치 상황과 맞물려 누가 안두희를 시켜 이 끔찍한 사건을 일으켰는지에 대해 많은 의혹을 낳았다. 결국 안두희의 단독 범행으로 처리되

긴 했으나 그것을 지시한 배후가 있을 것이라는 의문은 여전히 해결되지 않은 채였다. 이후 김구 암살에 대한 진실을 알아내려는 여러 번의 시도가 있었으나 안두희는 끝내 배후를 밝히지 않았으며 많은 세월이 흐른 뒤인 1996년 10월 23일, 당시 버스 기사였던 박기서가 휘두른 정의봉에 의해 자신의 집에서 죽음을 맞았다. 이로써 김구 암살을 지시한 배후는 영원히 미궁 속으로 빠지게 되었다.

국민장으로 치러진 김구의 장례 행렬

● 김구에게
　묻다
　오늘날의 우리들이
　알고 싶은 이야기

Q 선생님의 어린 시절이 궁금해요. 훌륭한 일을 하셨던 분들은 어렸을 때에도 남다른 모습을 보이셨을 것 같은데, 실제로는 어땠나요?

　김구: 하하, 여러분들 중에도 어릴 적에는 짓궂게 장난도 치고 어른들 말씀도 잘 안 들어 혼이 난 친구들이 있겠지요? 저도 어릴 적에는 못 말리는 개구쟁이였답니다. 아버지의 멀쩡한 숟가락을 부러뜨려 엿으로 바꿔 먹다 꾸중을 듣고, 집 안의 돈을 마음대로 들고 나가 떡을 사 먹으려다 잡혀 혼쭐이 난 적도 있지요.

　저는 평범한 사람이에요. 평범한 사람이라는 뜻의 백범(白凡)이라는 호가 그것을 잘 말해 주고 있지요. 많은 사람들이 저를 보고 훌륭한 일을 했다고 칭찬해 주시지만 사실 저는 국민의 한 사람으로서 제가 할 수 있는 일을 쉬지 않고 해 온 것뿐이었습니다. 만일 제가 우리나라의 독립에 조금이라도 공헌한 것이 있다면, 그만한 것은 대한 사람이라면 누구나 할 수 있는 일이었다고 생각합니다.

Q 제 주변을 보면 아주 뛰어난 재능을 가지고 있거나, 좋은 환경을 가진 친구들이 있는 반면 특별히 잘하는 것이 없어서 실망에 빠져 지내는 친구들도 있어요. 선생님께서는 스스로를 평범한 사람이라고 하셨는데, 다른 사람들을 부러워하지는 않으셨나요?

김구: 저는 양반으로 태어나지 못해 좋은 환경에서 공부할 수 있는 기회도 없었고, 잘생기게 태어나거나 부자로 태어나지도 못했어요. 그래서 여러 번 좌절의 순간을 겪기도 했지요. 그렇지만 그렇다고 자신을 남과 비교하거나 자신이 가지고 있지 못한 것을 언제까지나 아쉬워하고 있을 필요는 없어요. 어떤 환경에 놓이든지, 어떤 재능을 타고나든지 간에 지금 자신이 어떤 것을 중요하게 생각하고 소중히 여기고 있는지, 그리고 그것을 이루기 위하여 어떤 노력을 해 나가는지가 중요합니다. 제 스승님께서도 말씀하셨죠. 무언가를 이루고자 하는 생각을 가졌다면 몇 번 길을 잘못 들어서서 실패하였더라도, 그 결심만은 변치 말고 끊임없이 고치며 앞으로 나아가다 보면 목적지에 도착할 날이 반드시 있을 것이라고. 어려움과 실패가 있을 때마다 실망하여 좌절해 버린다면 아무것도 할 수 없겠지요? 여러분도 환경과 재능을 탓하며 좌절하지 말고, 소중한 목표를 이루기 위해 끊임없이 노력한다면 좋은 결과를 얻을 수 있을 거예요.

Q 독립 투쟁을 하다가 친일로 돌아선 사람들도 많았다고 들었어요. 선생님께서도 옥중에서 힘든 고문도 받으시고, 많은 위험을 겪으셨죠. 독립운동을 하면서 두려웠거나 마음이 약해졌던 적은 없었나요?

김구: 살아가다 보면 꼭 해야 하는 일을 하다가 두려운 일을 만나기도 하고, 이익이나 욕심 때문에 옳지 않은 일의 유혹을 받을 때도 있어요. 내가 살아온 시대는 옳다고 믿는 일은 항상 어렵고 위험한 일들뿐이었고, 옳지 않은 일은 비교적 안전하고 또 이익을 가져다주는 경우가 많았습니다. 그럴 때마다 저는 마음이 좋은 사람이 되고자 했던 저의 다짐을 다시 한번 생각해 보았어요. 순간의 욕심이나 이익은 언젠가 사라져 버리는 것이고, 설령 어떤 그럴듯한 핑계를 대어 남들의 판단을 속일 수는 있어도 결국은 내 자신이 옳지 않은 일을 했다는 것에 양심의 가책을 느끼게 됩니다. 그러면 눈에 보이는 이익은 얻을 수 있지만, 보이지 않는 나의 양심은 그 빛을 잃게 되는 것이지요. 한번 내버린 양심을 되찾기는 작은 이익을 얻기보다 훨씬 어려운 일입니다. 나는 여러분들이 눈앞에 보이는 작은 이익을 쫓는 것보다는, 옳은 일을 했다는 양심의 자부심을 소중히 여기길 바랍니다. 여러분들이 스스로에게 부끄러움 없는 떳떳한 사람으로 성장해 나가기를 진심으로 응원합니다.

Q 나라를 되찾기 위해 하나뿐인 목숨을 바친 독립운동가들도 많이 있습니다. 특히 이봉창, 윤봉길 의사의 의거는 지금도 저희들에게 큰 의미가 되고 있는데요, 만약 선생님께서 그분들을 다시 만나신다면 어떤 말씀을 나누고 싶으신가요?

김구: 독립이 되어 제가 고국으로 다시 돌아왔을 때 가장 생각난 사람들이 바로 이봉창, 윤봉길과 같이 독립을 위해 목숨을 바친 청년들이었습니다. 일본에 묻혀 있던 그들의 유골을 되찾아 용산의 효창 공원에 묻어 줄 때에는 그들의 살아 있을 때 모습이 떠올라 많은 눈물이 흘렀지요. 지금 다시 그들을 만나 손을 맞잡고 이야기를 나눌 수 있다면 정말 얼마나 좋을까요. 저는 그들에게 그대들이 자랑스럽다고 말해 주겠습니다. 당신들의 노력과 희생이 모여 우리는 기어코 조국을 되찾을 수 있었다고. 이제는 자유로운 땅에서 마음껏 웃으며 살게 되었다고. 또 여러분과 같은 후손들이 그들의 희생을 잊지 않고 언제까지나 감사해하며 그들을 기억하고 있다는 것을 말해 주고 싶습니다.

Q 선생님께서 염려하신 대로 우리 민족은 현재 분단된 채로 너무나 오랫동안 서로에게 총을 겨누며 마주 보고 있습니다. 6·25 전쟁이라는 아픈 상처도 겪게 되었고요. 분단 시대를 살아가고 있는 후손들에게 해 주실 말씀이 있으신가요?

김구: 제가 일평생을 바치며 이루고자 했던 것은 단 두 가지, 우리의 자주 독립과 통일이었습니다. 하지만 끝내 통일의 소원을 이루지 못하게 되어 아쉬운 마음을 금할 수가 없습니다. 다른 나라들의 싸움에 휘말려 둘로 나누어지고 말았지만, 우리는 한민족이라는 사실을 잊어서는 안 됩니다. 이제 시간이 흘러 우리를 둘러싸고 있는 환경은 많이 바뀌어 왔고, 또 앞으로도 바뀌어 가겠지만, 우리가 한민족이라는 사실 하나만은 앞으로도 변함이 없을 것입니다.

우리나라가 앞으로 더욱 아름답고 위대한 나라가 되기 위해서는 반드시 통일이 이루어져야 할 것입니다. 물론 지금의 우리나라도 세계 어느 나라 못지않게 훌륭한 능력을 떨치고 있지만, 만약 남과 북이 서로 평화의 손을 내밀어 미래를 함께 준비해 나갈 수 있다면, 우리는 더욱더 어마어마한 잠재력을 갖게 될 것입니다. 한민족이 서로를 향해 총을 겨누고 있는 지금의 모습은 너무나도 아픈 현실입니다. 그리고 그 아픔은 너무 오랫동안 계속되어 왔습니다. 부디 앞으로 하나가 되어 가는 우리 민족이기를, 그래서 저도 저의 고향 땅을 다시 한번 가 볼 수 있게 되기를 소원합니다.

Q 선생님께서는 오늘을 살아가는 학생들에게 어떤 말씀을 해 주고 싶으신가요?

김구: 지금 우리나라는 제가 그토록 원했던 위대한 나라를 이루기 위해 한 걸음씩 앞으로 나아가고 있지요. 저는 여러분들이 그 안에서 진정 하고 싶은 일을 열심히 해서 먼저 자신이 행복하고, 나아가 우리나라가 위대한 나라가 되게 하는 데 도움이 되는 사람이 되리라 믿습니다. 그렇게 되기 위해서는 어떻게 해야 할까요? 맞습니다. 먼저 세상을 잘 알아야 하겠지요. 그리고 자신에게 솔직한 스스로가 되어야 할 것입니다.

여러분, 책을 많이 읽으세요. 읽고, 읽고 또 읽으세요. 책 속에는 많은 지혜와 즐거움, 그리고 여러분의 미래가 모두 들어 있습니다. 제가 평생 동안 우리 민족의 교육에 힘써 온 이유도 바로 이것입니다. 책을 다양하게 읽고 생각의 깊이를 키워 나가세요. 마음을 가꾸세요.

그리고 여러분, 꿈을 꾸세요. 내가 앞으로 무엇을 하며 살아가고 싶은지 항상 생각해 보세요. 정말 이루고 싶은 목표가 있다면, 그 과정의 어려움이 오히려 즐거움으로 느껴질 거예요. 그러니 '무엇이 되고 싶다. 무엇을 이루고 싶다'는 목표가 가장 먼저 세워져야 할 것입니다. 어른이 되어서 내가 정말 하고 싶었던, 두근대는 일을 하며 하루하루를 살아가는 스스로의 모습을 매일 떠올리세요. 아침에 눈을 뜨면, 내가 가장 좋아하는 일이 나를 기다리고 있습니다. 행복하겠죠? 그리고 여러분의 행복은 우리나라의 발전과 통일의 밑거름이 되어 줄 거예요. 이제부터 꿈을 꾸고 노력한다면, 여러분이 원하는 것은 무엇이든 할 수 있답니다.

김구가 걸어온 길

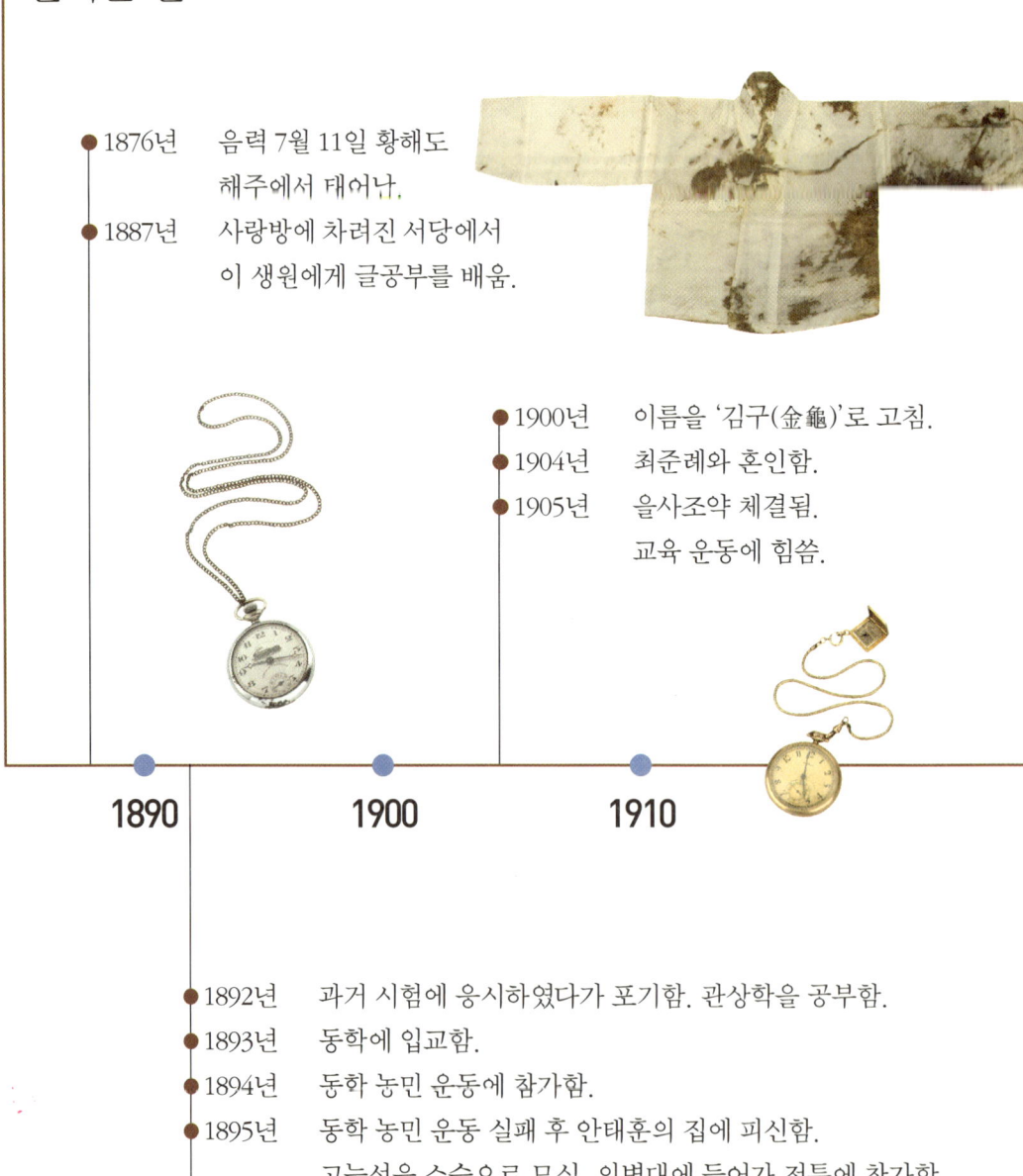

- 1876년 음력 7월 11일 황해도 해주에서 태어남.
- 1887년 사랑방에 차려진 서당에서 이 생원에게 글공부를 배움.
- 1900년 이름을 '김구(金龜)'로 고침.
- 1904년 최준례와 혼인함.
- 1905년 을사조약 체결됨. 교육 운동에 힘씀.

1890   1900   1910

- 1892년 과거 시험에 응시하였다가 포기함. 관상학을 공부함.
- 1893년 동학에 입교함.
- 1894년 동학 농민 운동에 참가함.
- 1895년 동학 농민 운동 실패 후 안태훈의 집에 피신함. 고능선을 스승으로 모심. 의병대에 들어가 전투에 참가함.
- 1896년 치하포에서 일본 육군 중위 쓰치다를 죽여 수감됨. 사형이 선고되나 고종의 사면을 받음.
- 1898년 인천 감옥을 탈출함. 공주 마곡사에서 승려 생활을 함.

- 1911년　일제의 안악 사건 조작으로 체포되어 5년간 감옥살이를 함.
- 1912년　이름을 김구(金九)로, 호를 백범(白凡)으로 고침.
- 1919년　상하이로 망명함. 대한민국 임시 정부 경무국장이 됨.
- 1922년　임시 정부 내무총장이 됨.
- 1926년　임시 정부 국무령이 됨.
- 1930년　임시 정부 재무장이 됨.
- 1931년　한인 애국단을 창단함.
- 1932년　이봉창, 윤봉길 의사의 의거 일어남.
- 1933년　장제스와 만남. 한국 독립군 훈련반이 설치됨.
- 1940년　한국광복군이 창설됨. 임시 정부 주석이 됨.
- 1945년　한국광복군 국내 진입 작전을 계획함. 광복을 맞아 귀국하여 신탁 통치 반대 총동원 위원회를 조직함.
- 1946년　비상 국민 회의 의장에 선출됨. 이봉창, 윤봉길 의사를 효창 공원에 모심.
- 1947년　2차 신탁 통치 반대 운동 전개함.
- 1948년　통일 정부 수립을 위한 운동 전개함. '삼천만 동포에게 읍고함'이라는 성명서를 발표함. 평양을 방문하여 남북 회담을 가짐.
- 1949년　6월 26일 안두희의 총탄을 맞고 세상을 떠남.